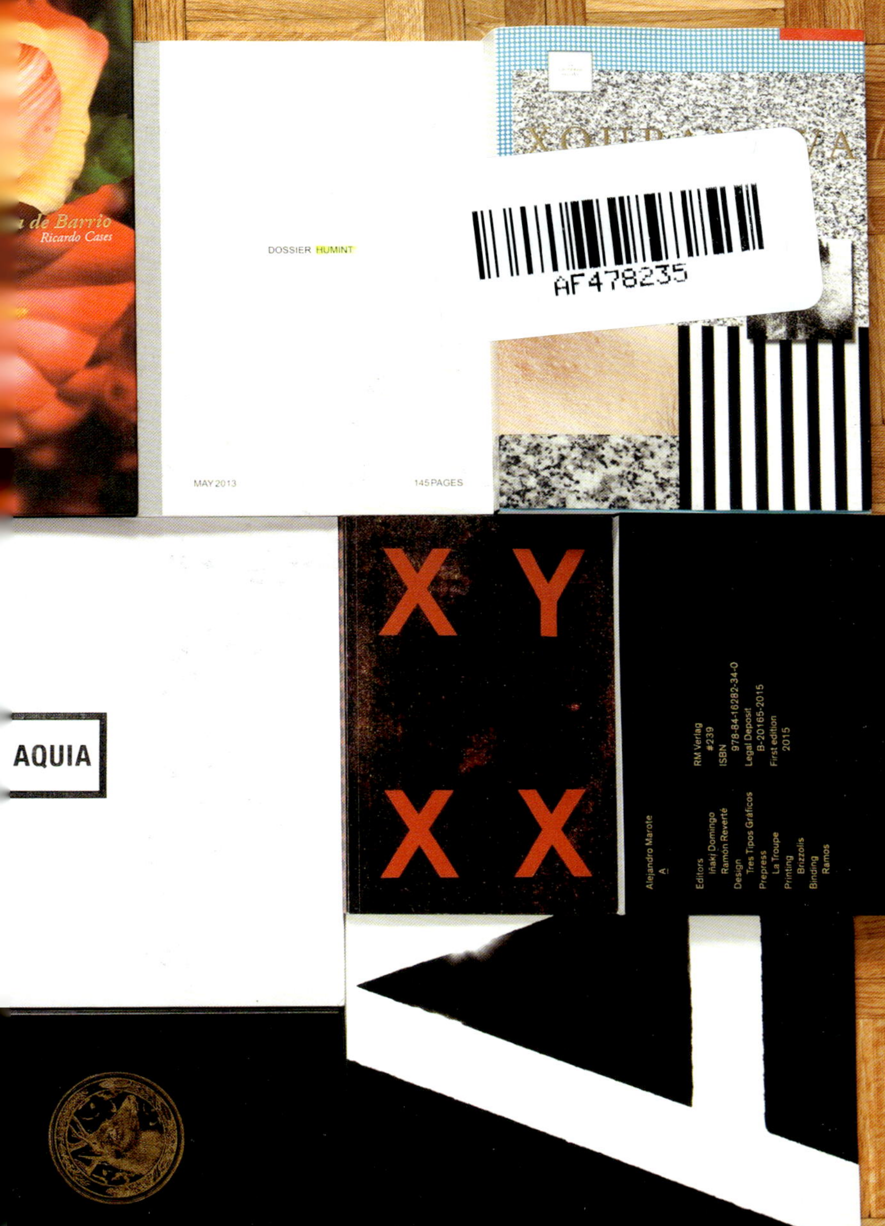
de Barrio
Ricardo Cases
DOSSIER HUMINT
MAY 2013
145 PAGES
AF478235
AQUIA
X Y
X X
Alejandro Marote
A
Editors
Iñaki Domingo
Ramón Reverté
Design
Tres Tipos Gráficos
Prepress
La Troupe
Printing
Brizzolis
Binding
Ramos
RM Verlag
#239
ISBN
978-84-16282-34-0
Legal Deposit
B-20165-2015
First edition
2015
de Barrio

Biblioteca PHotoBolsillo

Blank Paper

PHoto**Bolsillo**   LA FABRICA

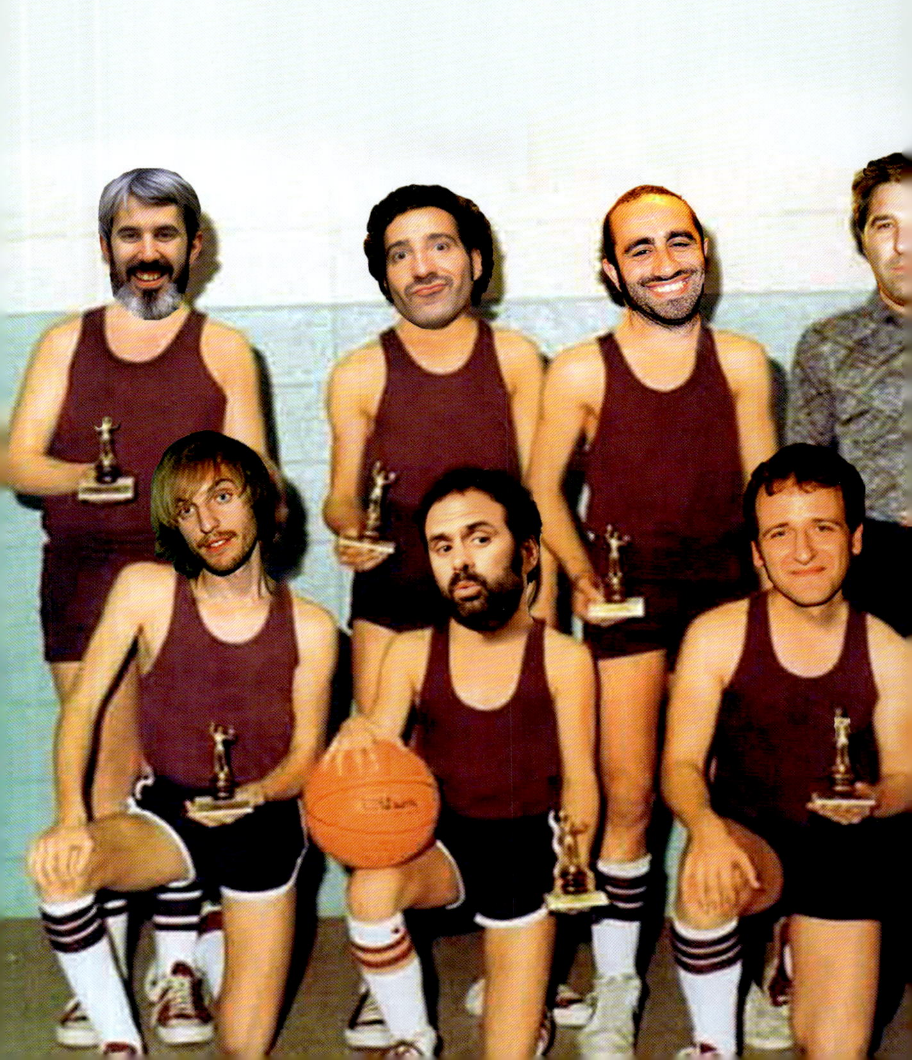

Blank Paper

El abrazo

Iván del Rey de la Torre

Colectivo Blank Paper: Óscar Monzón, Mario Rey, Fosi Vegue, Julián Barón, Alejandro Marote, Ricardo Cases y Antonio M. Xoubanova

Se cuenta que en 1654, mientras instalaban *La apoteosis de san Hermenegildo* en el altar de la iglesia de los Carmelitas Descalzos de Madrid, el pintor Francisco de Herrera el Mozo, su autor, dijo que el acontecimiento habría de ser acompañado por clarines y timbales; tal era a su juicio la calidad y la novedad de la pintura. Ya por esa época empezaba a ser famosa la arrogancia del veinteañero artista, pero no le faltaba razón: la Villa, acostumbrada como estaba a las imágenes ya anquilosadas del Primer Barroco, tenía ahora ante sus ojos la exuberancia de colores, la pincelada zigzagueante y las composiciones casi imposibles y del todo perfectas del Barroco Pleno, de la imagen nueva. Herrera el Mozo, que se convertiría en figura clave de la Escuela de Madrid, estaba en lo cierto, las imágenes nuevas deberían de ser recibidas siempre con música.

Más de siglo y medio después se presentó en Barcelona otra imagen y esta vez sí que tuvo acompañamiento musical. Se trató de la primera fotografía española o, como dice la publicidad del evento, «la primera vista obtenida en España por el maravilloso proceder del daguerrotipo». El anuncio continuaba así: «los intermedios de las operaciones serán amenizados por las armoniosas tocatas de una banda de música militar. La primera vista que se va a obtener abrazará el edificio de la Lonja y la hermosa manzana de la casa Xifré». Llama la atención el término con que se refiere a lo que habría de contener la imagen: abrazar; es cierto que se usa con la acepción de incluir, pero ¿puede haber algo más bello que un abrazo para referirse a la fotografía?

La placa catalana fue sorteada entre los asistentes, le tocó a un señor de Tarazona y finalmente se le perdió la pista; tampoco importa en exceso, al parecer las imágenes se reproducen por mitosis: después llegaron los abrazos de los Marín, de los Masats, de los Hara… y más de trescientos años después de la jactancia de Herrera sonó música en Madrid para recibir a las nuevas imágenes de un grupo de fotógrafos, igual de mozos y de arrogantes que su antepasado barroco. Una nueva Escuela de Madrid era alumbrada, otra más. Y resultó que el local del suceso estaba muy cerca del antiguo convento de San Hermenegildo, que tenía también nombre de santo y que, aunque no cenobio, sí era

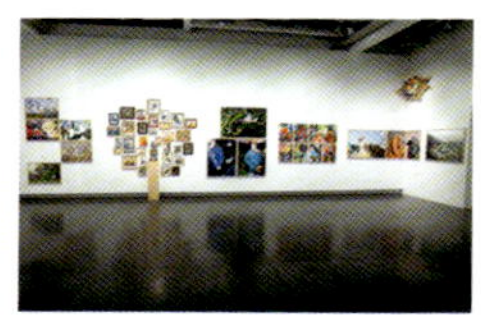

La nouvelle scéne photographique espagnole. Le Bal, París, 2013

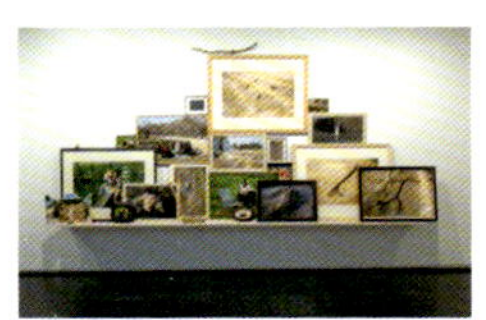

Antonio Xoubanova en Fotocolectania

un poco santuario: El Escaparate de San Pedro. Pero tenemos que retroceder unos años para ver cómo empezó todo.

El colectivo de Fotografía Blank Paper fue creado en Madrid en el año 2003 por cuatro exalumnos de la Escuela de Arte 10 que habían formado un grupillo en torno al profesor Manuel Santos. Eran en ese momento Antonio M. Xoubanova, Oscar Monzón, Fosi Vegue y Mario Rey. Cuentan que la causa de la fundación fue, por un lado, la ausencia total de cauces para desarrollar y mostrar su obra fotográfica y, por otro, crear un espacio común intelectual donde el intercambio de ideas y la cooperación suplieran las carencias que ya habían comenzado en el periodo de formación (esto será determinante para futuros acontecimientos). Esponjas deseosas de absorber cualquier conocimiento, eran gratos en conversaciones sobre Tarkovski y Velázquez, por poner solo dos ejemplos que recuerdo. En este punto el lector puede observar que el que escribe ya conocía a los Blank Paper en esa época; que el lector sepa que aún hoy se siguen repitiendo las conversaciones sobre Tarkovski y Velázquez, con los cuatro ya nombrados y con los tres que quedan por llegar.

El Escaparate de San Pedro era un espacio que Mauricio d'Ors había montado en un local de la calle de San Pedro de Madrid. En un primer momento consistía en obra expuesta al exterior, en el escaparate, pero después el local se adecuó para que el público pudiera entrar en él. Fue en esta época cuando Blank Paper llamó la atención de d'Ors, que les propuso exponer. En diciembre de 2005 las imágenes del colectivo fueron vistas por primera vez en la Villa y, para tal acto, los miembros pidieron a Justo Aparicio Zahonero que amenizara la tarde con música concreta compuesta a base de pisadas de tacones, tubos de escape y cantos de pájaro, sinfonía de exuberantes colores muy acorde con el abrazo que las primeras tomas de los Blank Paper habían dado a Madrid. Durante el acto sonó el teléfono de Óscar Monzón y éste, tras la conversación, dijo al resto que le había llamado uno muy loco, muy loco, que quería enseñarles sus fotografías y formar parte del colectivo, que se dirigía hacia El Escaparate de San Pedro y que

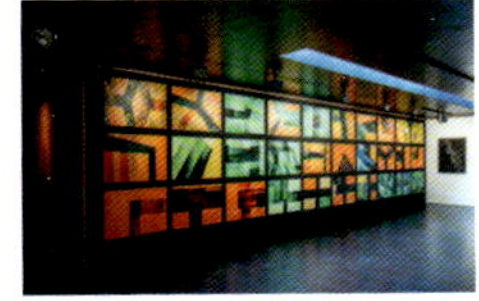

Ixil Ar Alzuza. Fundación Museo Jorge Oteiza, Navarra, 2015

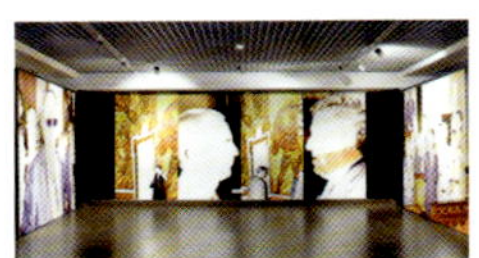

C.E.N.S.U.R.A. Museo de Arte Contemporáneo de Chongqing, China, 2015

llegaría pronto porque iba en moto: era Ricardo Cases, que llegó y se quedó.

No ha sido prolijo Blank Paper en producir obra como colectivo, enfocando más su actividad a charlas y talleres. En Albarracín, en cierta edición de los Seminarios de Fotografía y Periodismo, entró en contacto con el grupo Julián Barón y más tarde coincidió éste con Vegue y Cases en Arco 2007, donde los tres trabajaban como fotógrafos. Allí invitaron a Barón a formar parte del grupo; supongo que entre críticas sarcásticas al panorama que les rodeaba.

El séptimo y último en entrar a formar parte del colectivo, Alejandro Marote, lo hace como uno de los primeros alumnos de Blank Paper Escuela. Antes se apuntó la espinita que tenían clavada en cuanto a la educación y ello es determinante para lo que sigue. La Escuela surge en 2006 en Madrid por iniciativa de Fosi Vegue, alma de la misma, a la que con entusiasmo se une el resto de integrantes; Julián Barón, por su parte, montó la sede de Castellón. La idea era abrir la experiencia del grupo a otras personas; en pocos años Blank Paper Escuela se convirtió en referente internacional. Marote llegó a entrar en el colectivo, pero sería injusto no recordar, al menos en grupo, al resto de creadores de calidad, hombres y mujeres, que han salido de las aulas de la escuela, algunos para volver a entrar en ellas laboralmente hablando.

Presentamos a continuación una serie de imágenes que nos cuentan cómo cada miembro ha seguido diferentes derroteros, cómo cada uno ha encontrado un estilo que, como deberíamos de exigir a toda manifestación artística, es inquieto y cambiante. No es la intención de este texto analizar y juzgar sus trabajos fotográficos, se deja al lector su derecho al criterio propio; es por ello que lo que viene a continuación no son más que unas zigzagueantes pinceladas sobre Xoubanova, Rey, Monzón, Vegue, Cases, Barón y Marote.

Blank Paper ha producido mucha obra como colectivo; esto podría parecer contradictorio con lo dicho más arriba, pero no lo es. Sus componentes no han dejado de trabajar como cooperativistas, no para sacar un trabajo común si no como los pintores del XVII que, reunidos en veladas a las que llamaban Academias, hablaban de sus avances, se enseñaban nuevos libros, ponían en común sus inquietudes, se resolvían dudas mutuamente… Herrera el Mozo fue también muy activo en este sentido. En Blank Paper cada uno de los miembros trabaja para el resto en sus proyectos personales como consejero, corrector, inspirador… No es raro allá donde hay créditos que el nombre de un componente aparezca en el trabajo de otro. Hay algo de todos en la obra de cada uno; es ésta la esencia del colectivo, esto es también un abrazo.

Los Blank Paper son en exceso trabajadores, aman lo que hacen hasta la obsesión (¿puede ser de otra manera?) y se muestran vehementes con lo que no les gusta. Son ávidos en la lectura de libros de las más variadas disciplinas y en la contemplación de obras de todos los periodos de la Historia del Arte. Son conscientes de que la materia prima de su trabajo son las imágenes, que éstas son la cosificación del pensamiento y que con ellas se pueden construir mundos. En general, son dados a publicar cuidados libros y, a la hora de exponer sus fotos en salas, gustan de trabajar sofisticadamente el espacio. Pero si hubiera que señalar el punto en común más evidente del colectivo habría que decir que tienden a valorar la realidad que les rodea, que son conscientes de que los abrazos se dan mejor y más fuerte cuando se trata de lo cercano. Les he oído decir repetidas veces que no es necesario viajar a la India para hacer buenos trabajos, que solo con salir a la calle donde vives descubres el mundo; por otro lado, la realidad es la misma aquí y allí. Habría que precisar que los miembros del colectivo sí han salido de nuestras fronteras, unas veces para trabajar y otras para ser reconocidos antes incluso que en nuestro país; esto último no lo digo yo, también se lo he oído a ellos, aunque luego, con los pies en el suelo, recuerdan a las personas que sí se percataron desde el principio que se cocía algo interesante. Y ese algo interesante fragua como un abrazo a la España de principios del siglo XXI, con sus hombres y mujeres, jóvenes y ancianos, montes y costas, políticos y perros, reyes y vasallos, curas y prostitutas… con sus realidades subyacentes y sus composiciones casi imposibles y del todo perfectas.

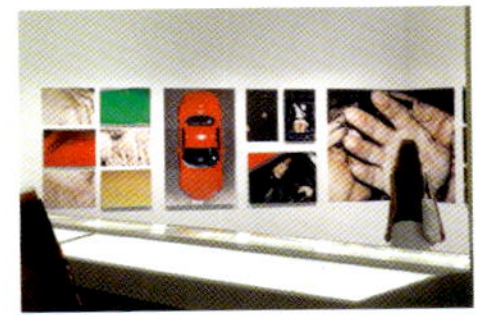

Óscar Monzón en la Galería IvoryPress, Madrid, 2015

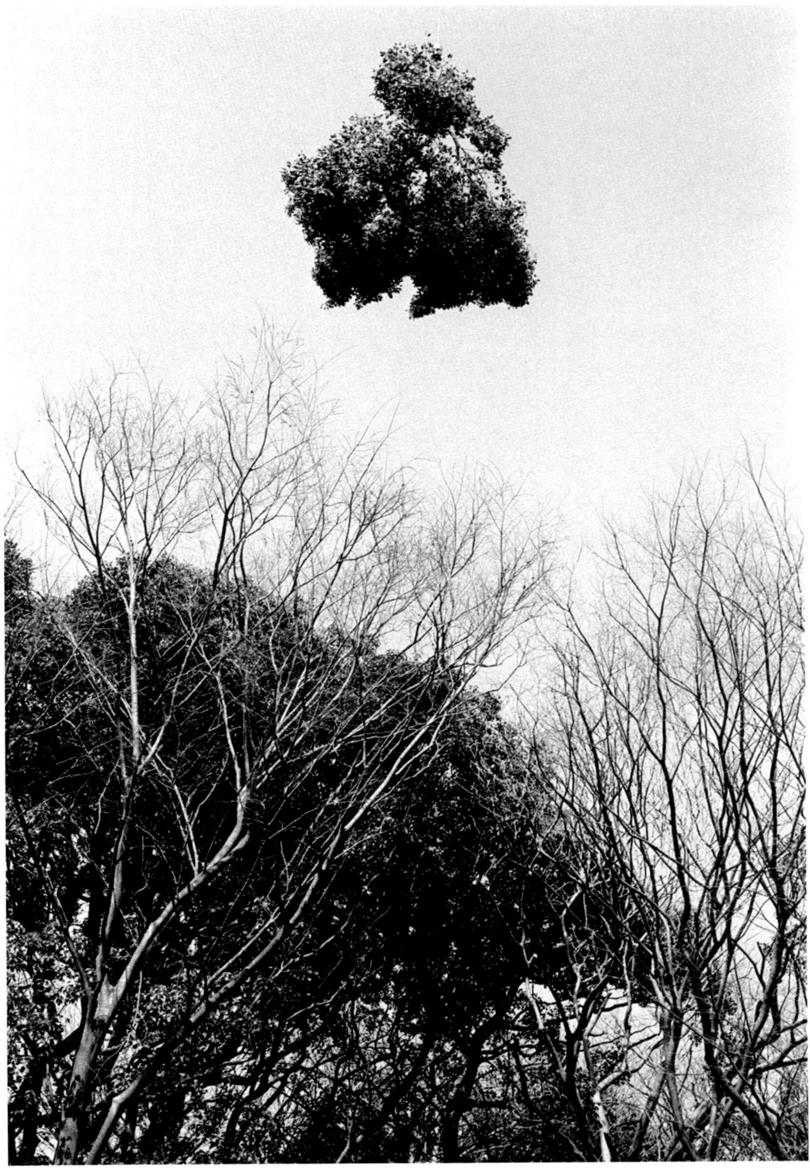

01. A, 2008. Alejandro Marote

02. Extremaunción, 2004. Fosi Vegue

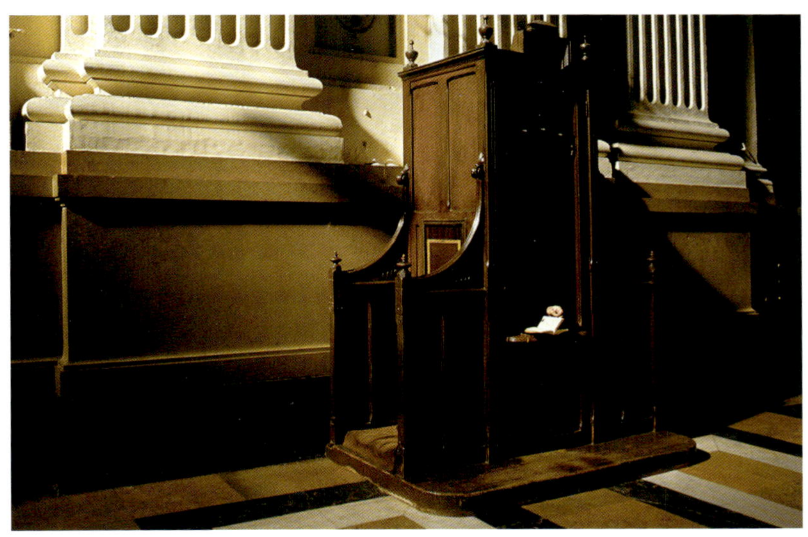

03. Extremaunción, 2004. Fosi Vegue

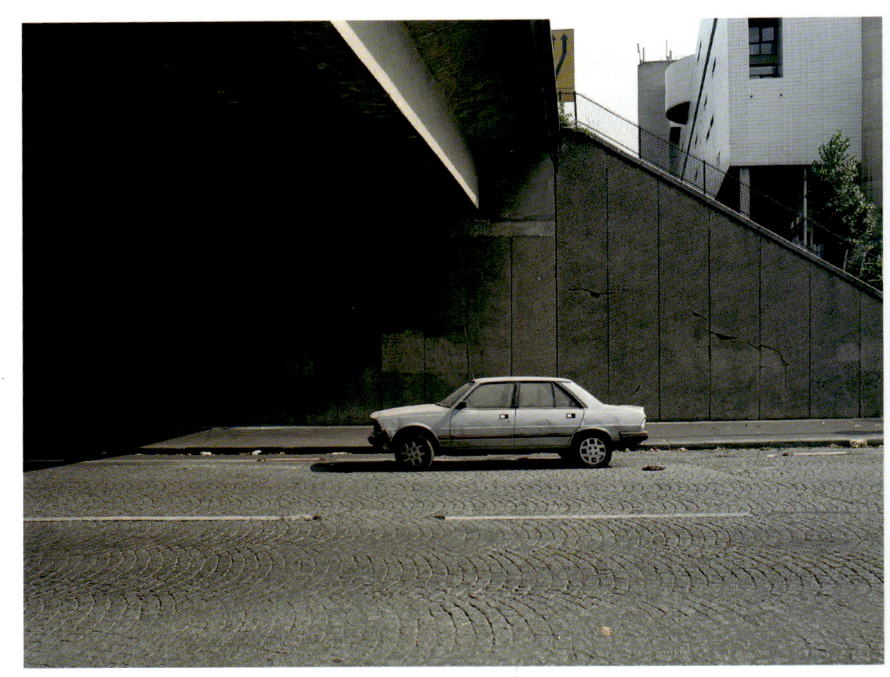

04. Las puertas de París, 2006. Óscar Monzón

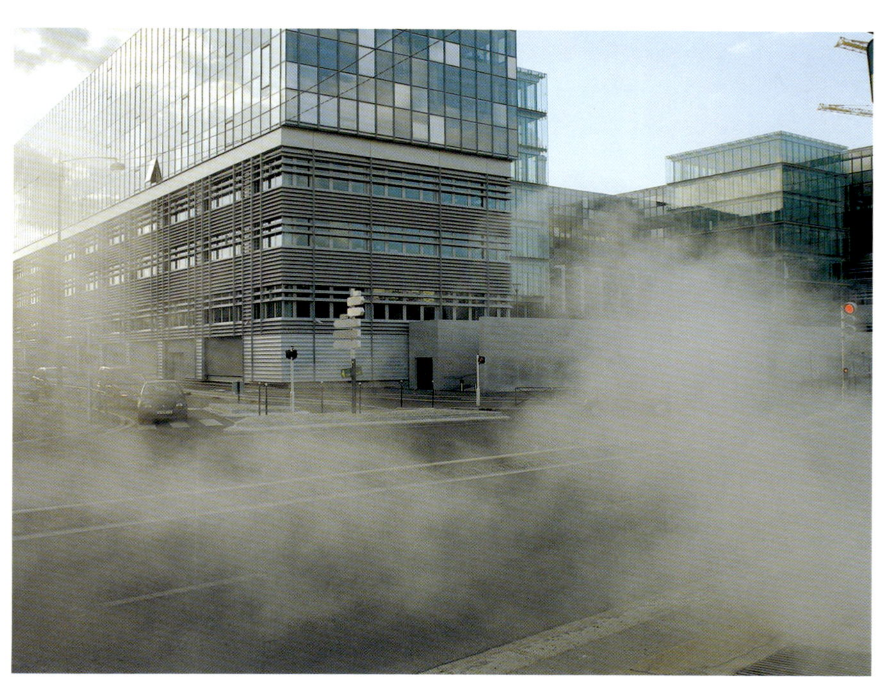

05. Las puertas de París, 2006. Óscar Monzón

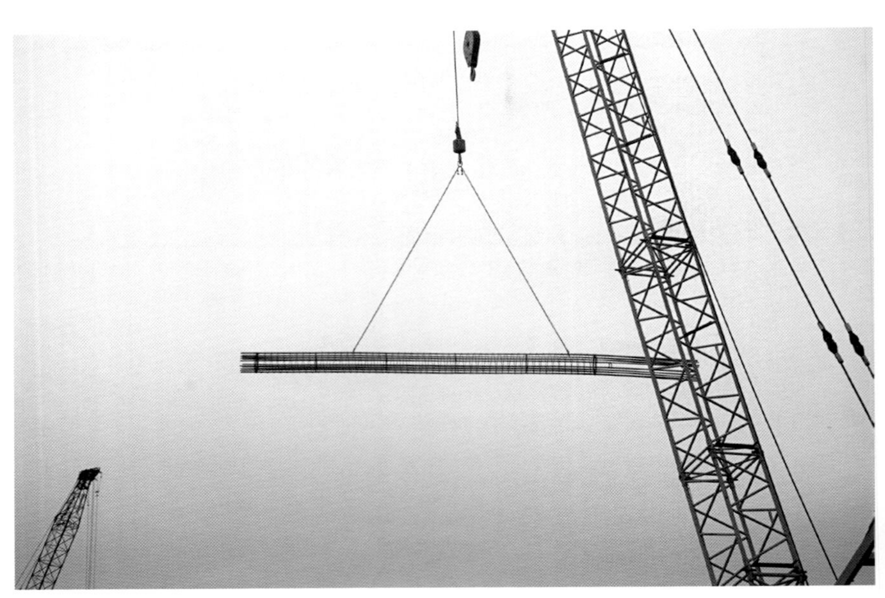

06. M30, 2006. Antonio M. Xoubanova

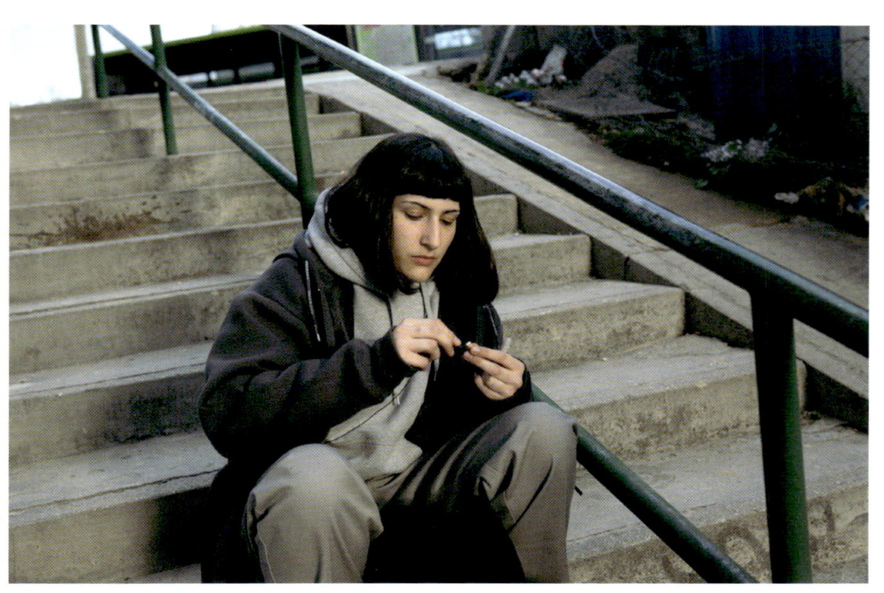

07. M30, 2006. Antonio M. Xoubanova

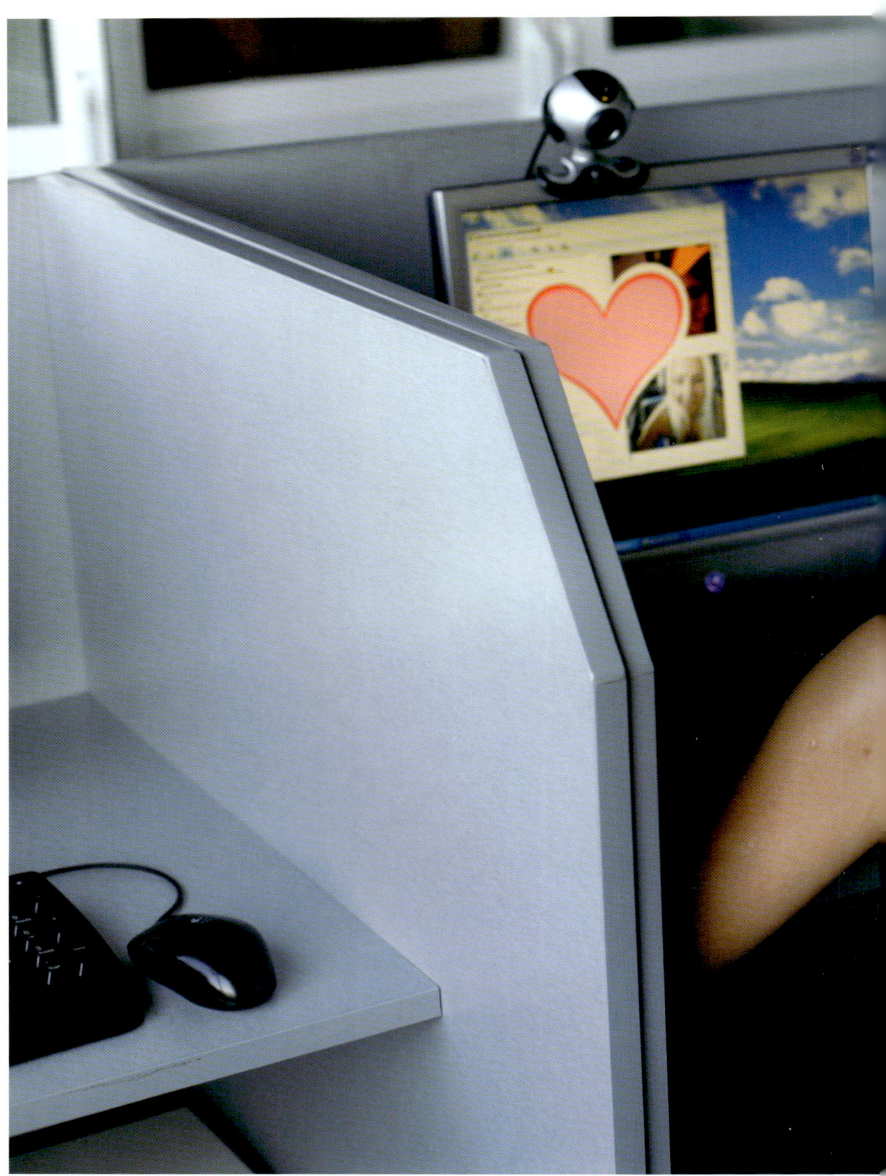

08. M30, 2007. Antonio M. Xoubanova

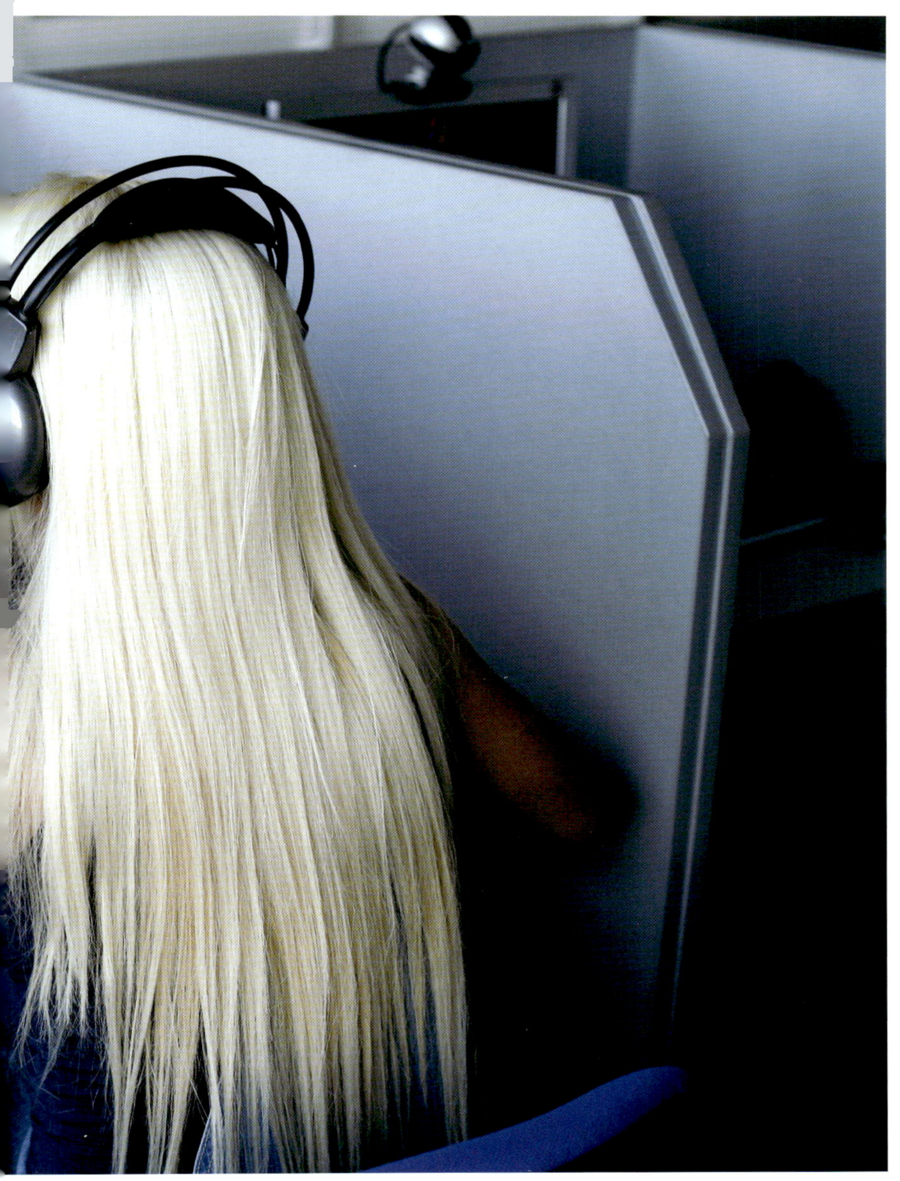

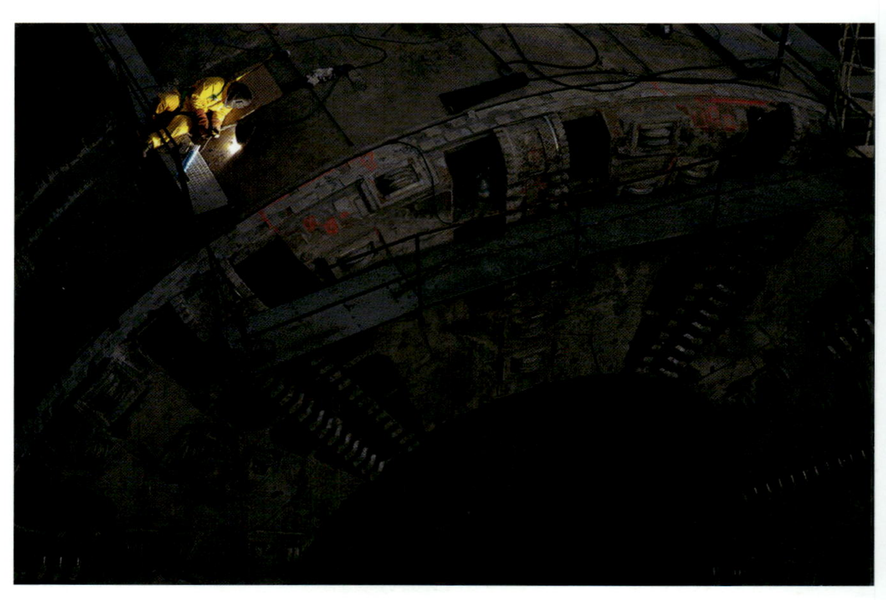

09. M30, 2006. Antonio M. Xoubanova

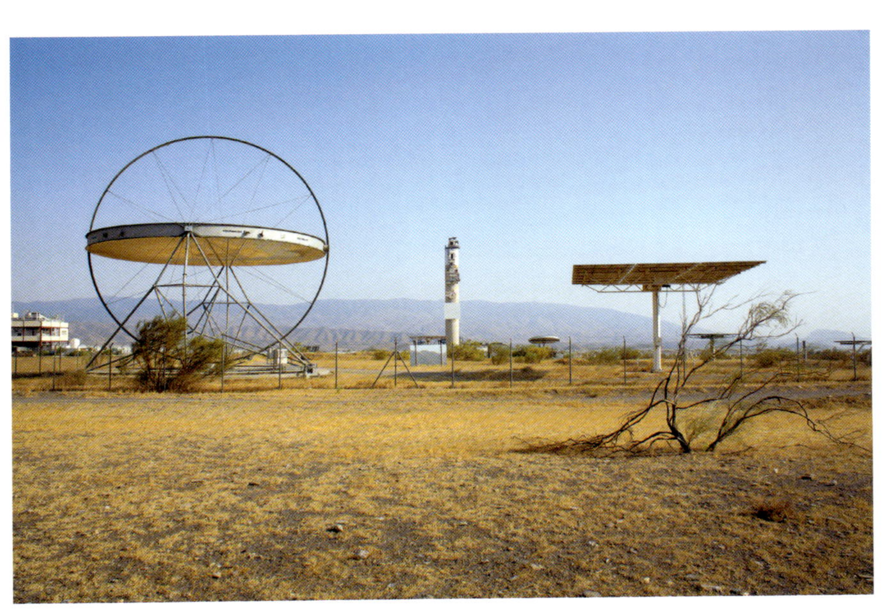

10. American Insider, 2007. Mario Rey

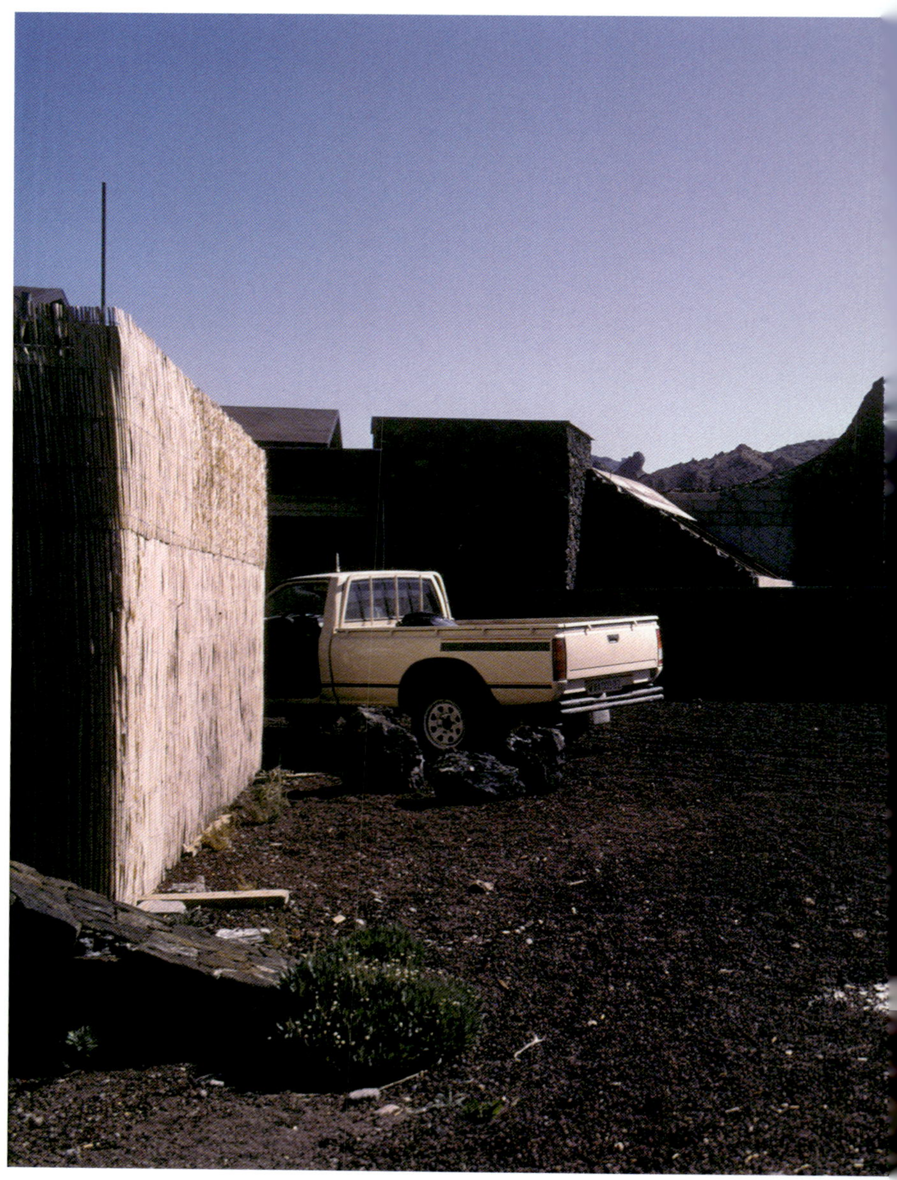

11. American Insider, 2004. Mario Rey

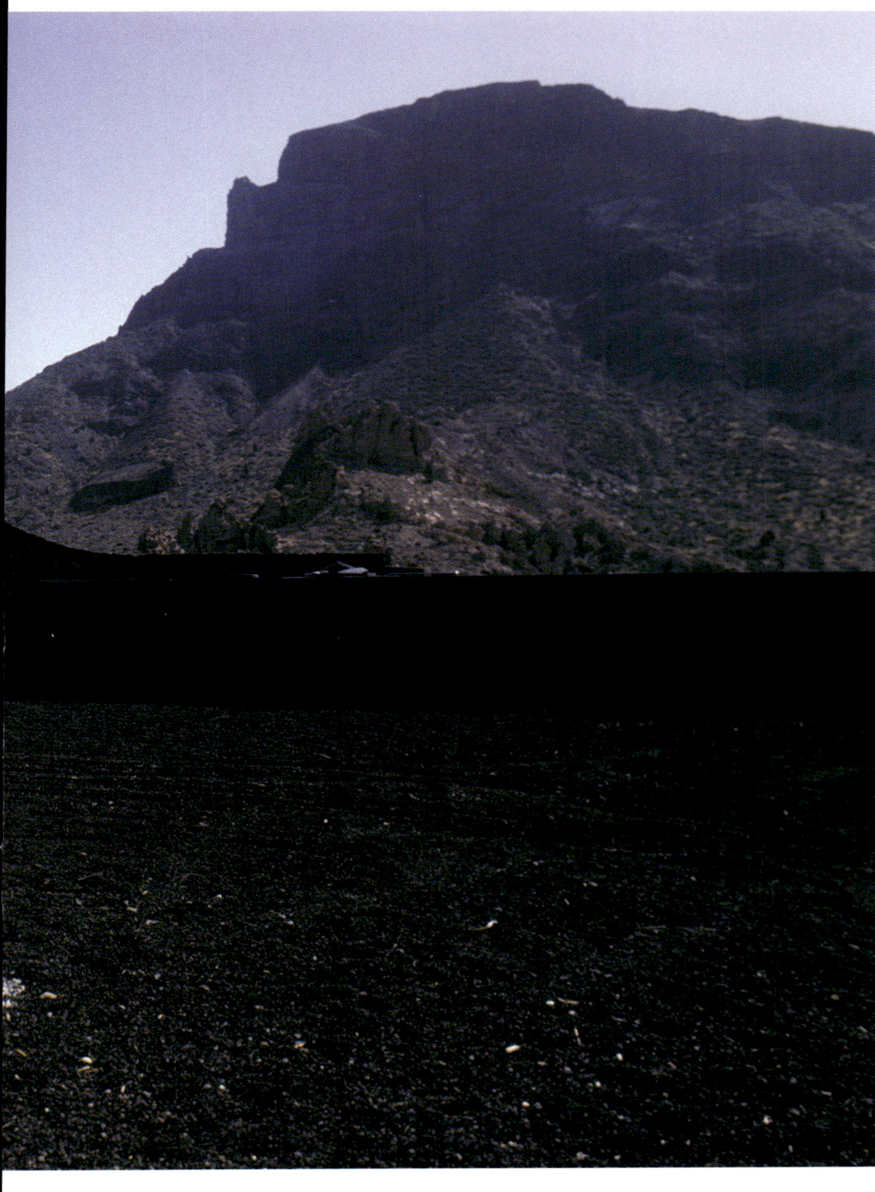

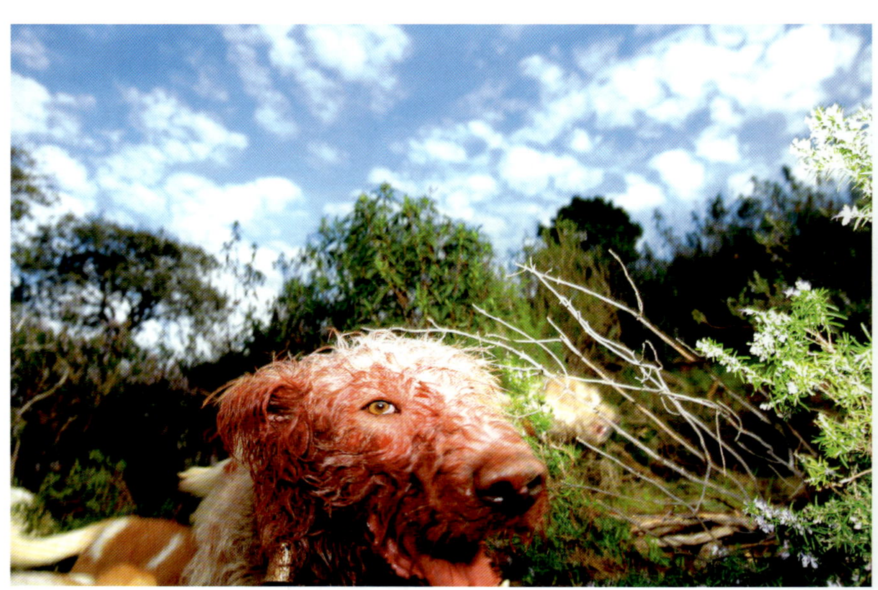

12. La caza del lobo congelado, 2009. Ricardo Cases

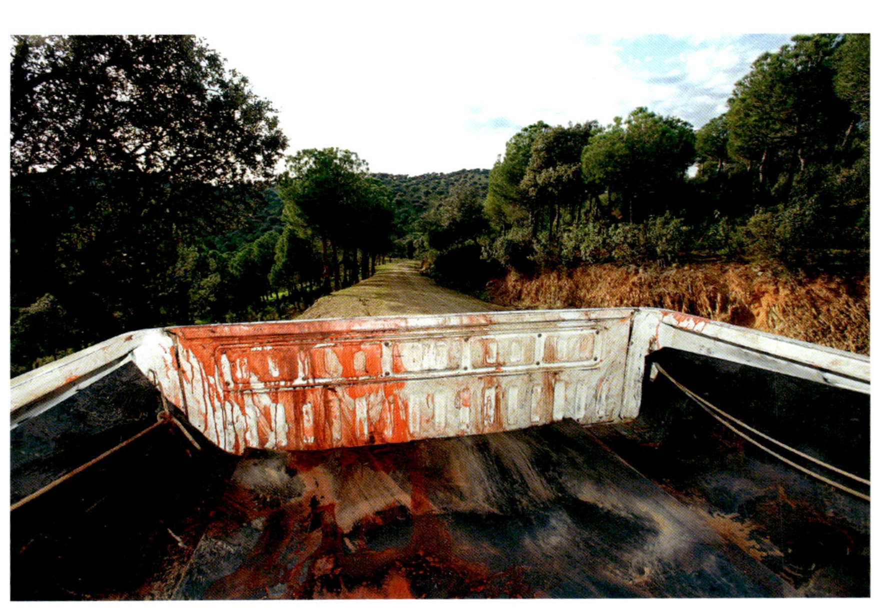

13. La caza del lobo congelado, 2009. Ricardo Cases

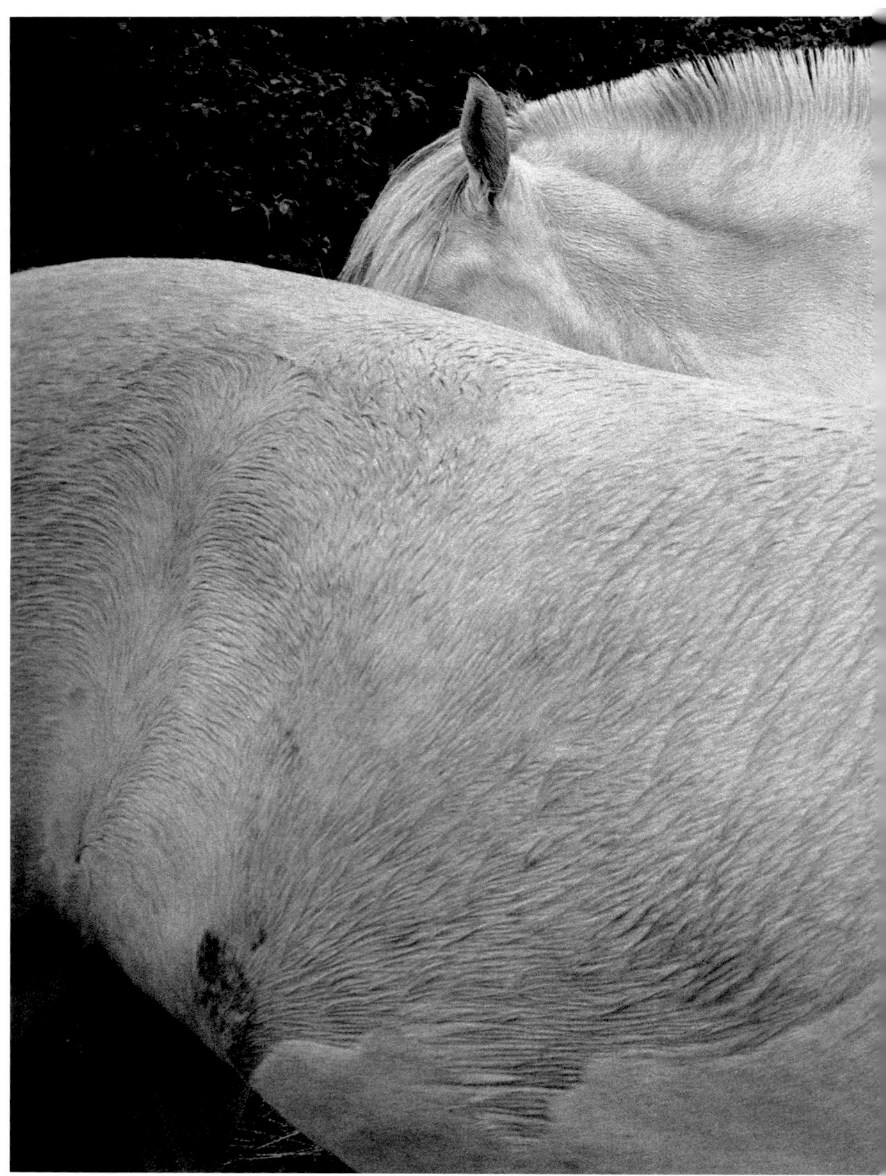

14. A, 2008. Alejandro Marote

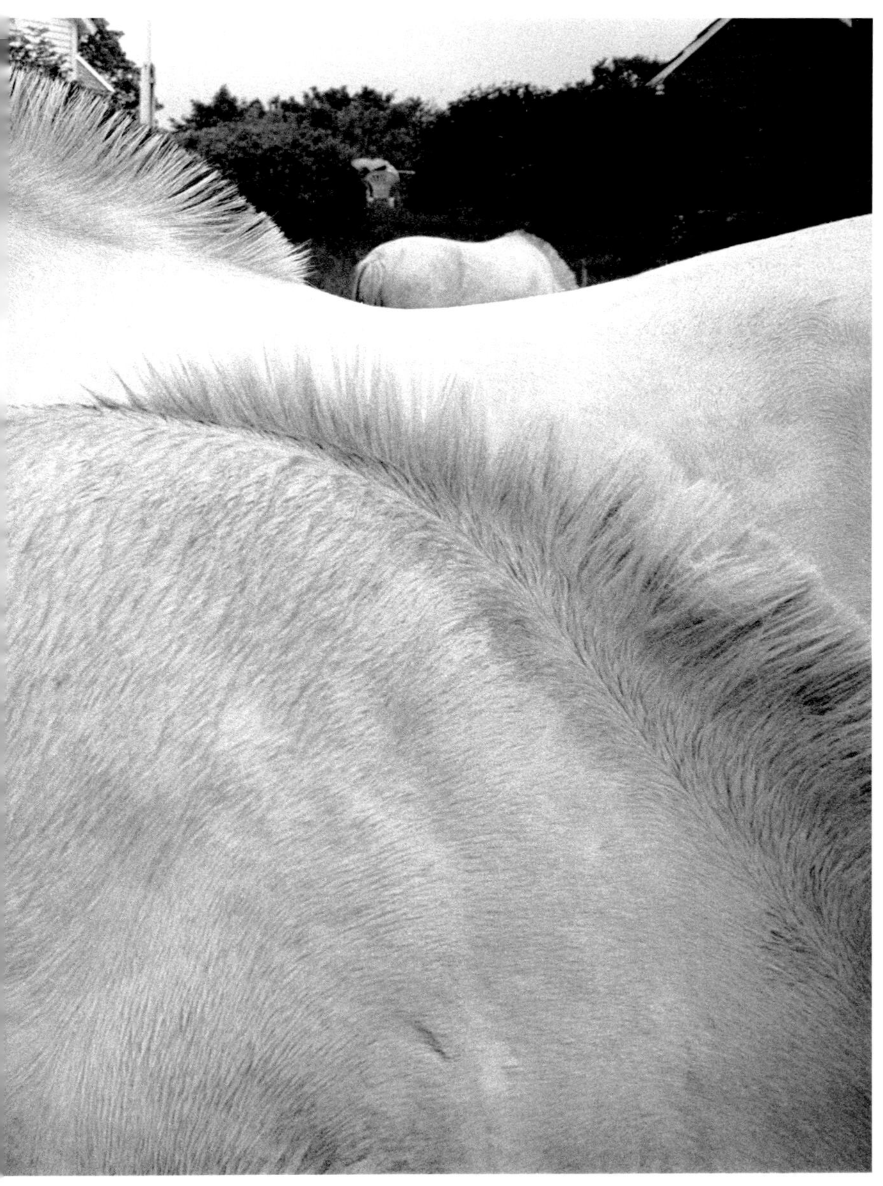

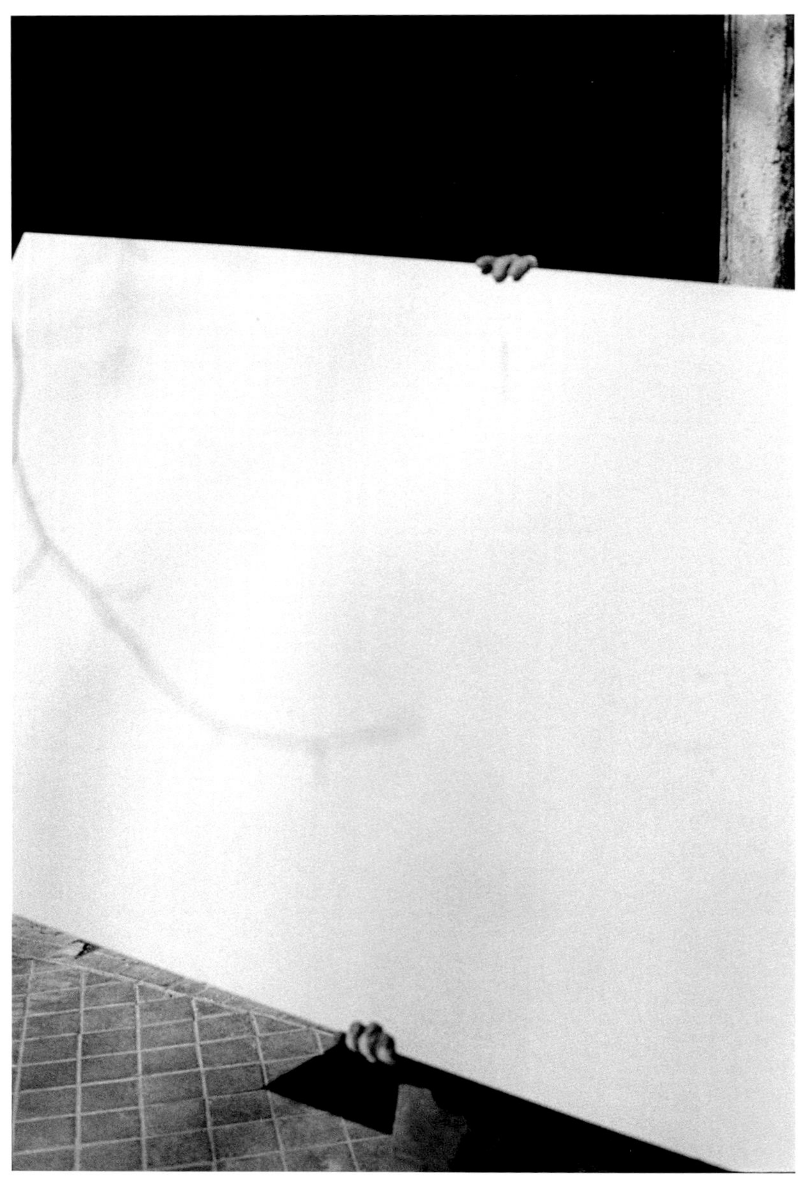

15. A, 2008. Alejandro Marote

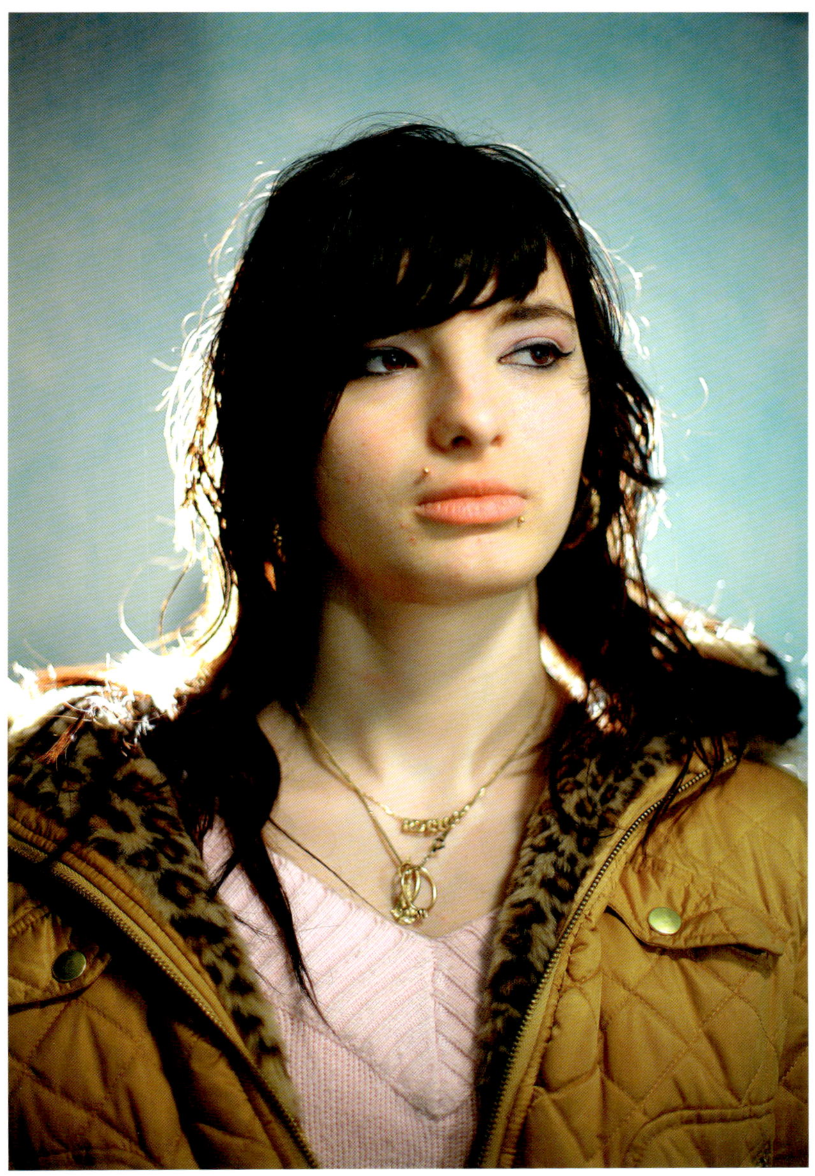

16. Belleza de barrio, 2008. Ricardo Cases

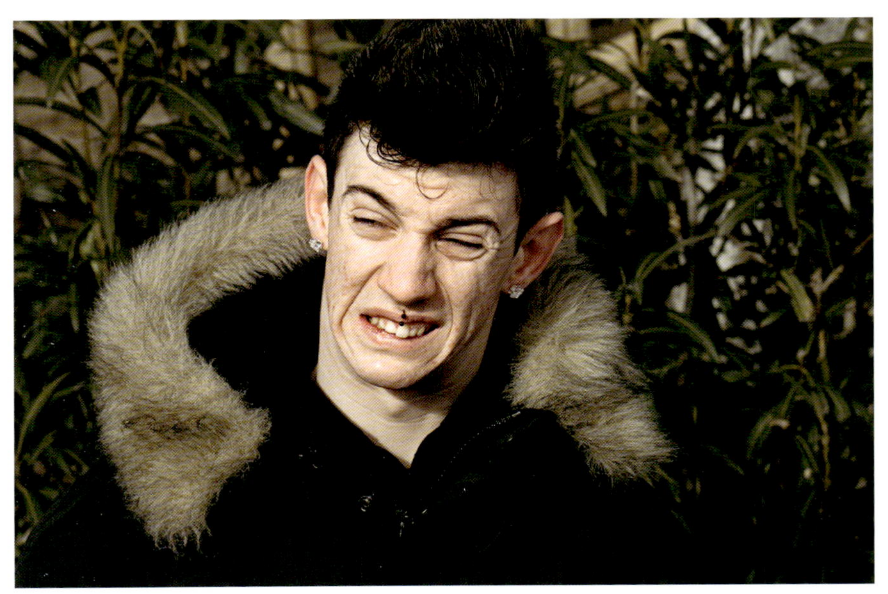

17. Casa de Campo, 2010. Antonio M. Xoubanova

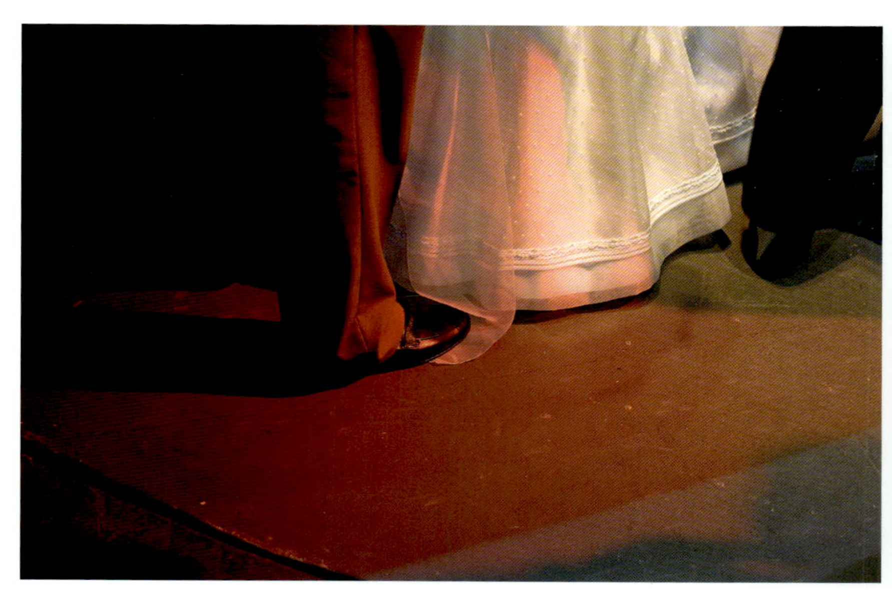

18. Grandes éxitos, 2010. Fosi Vegue

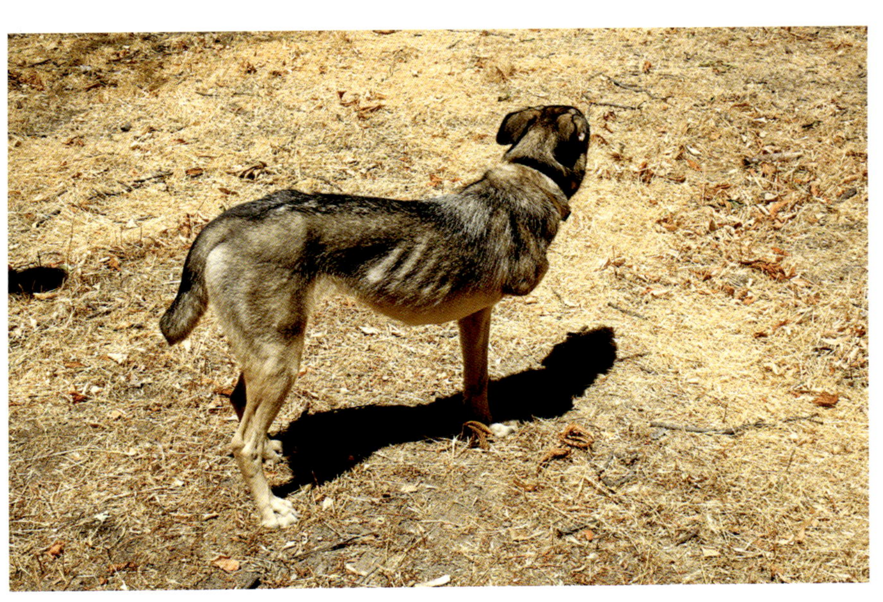

19. Casa de Campo, 2012. Antonio M. Xoubanova

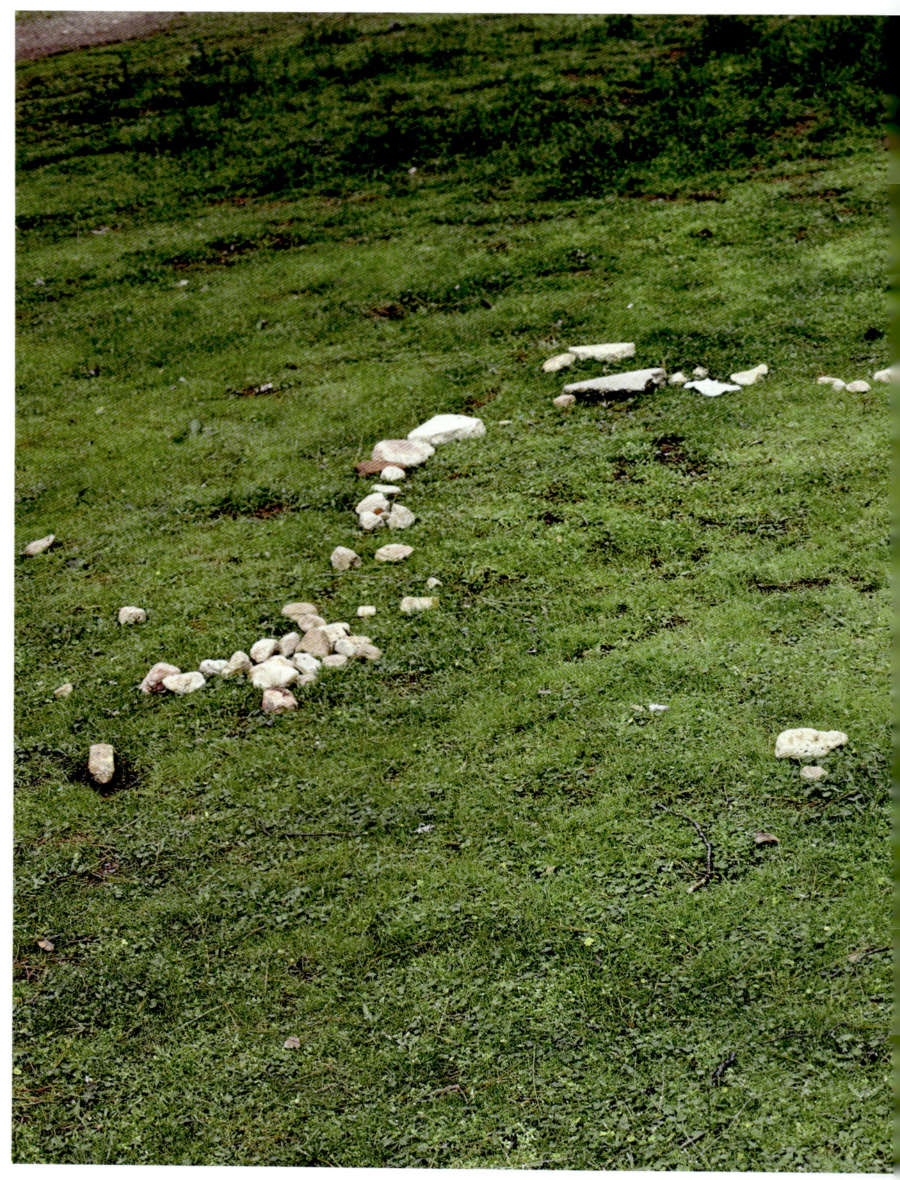

20. Casa de Campo, 2010. Antonio M. Xoubanova

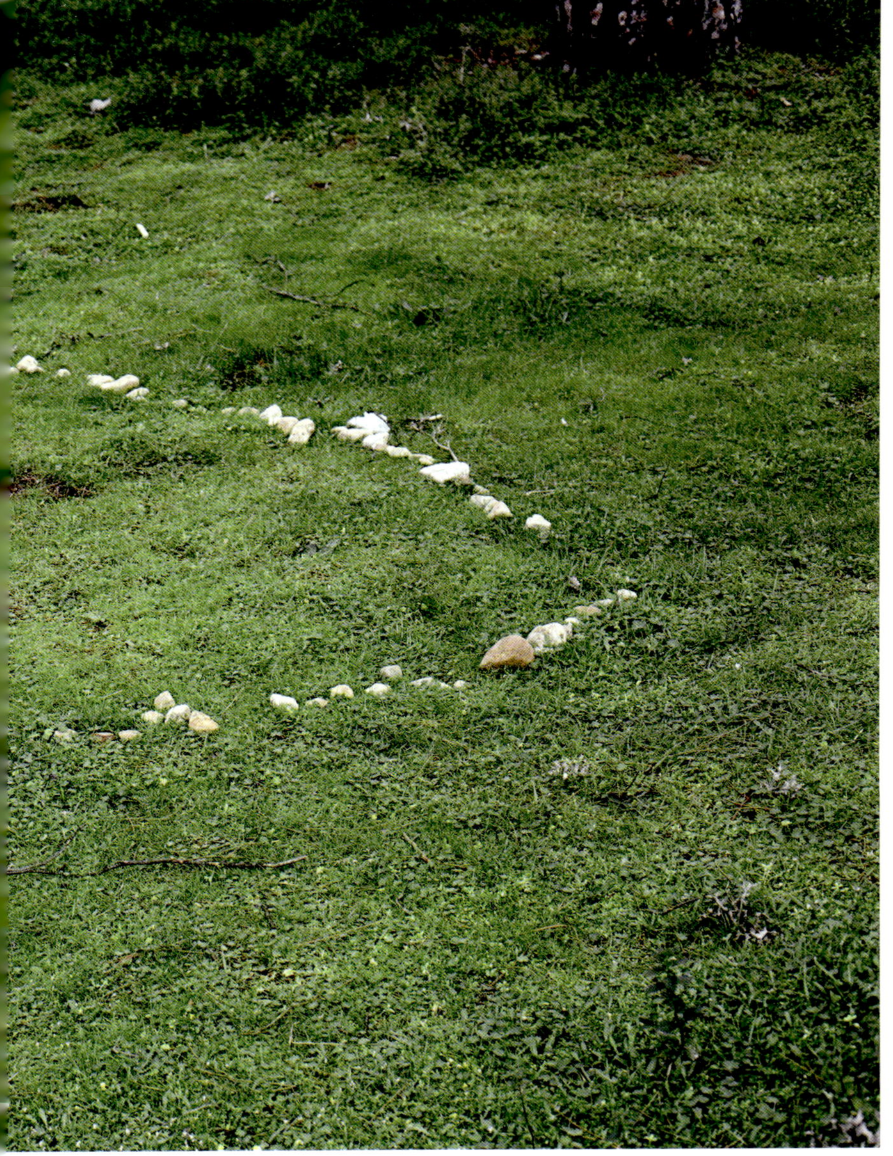

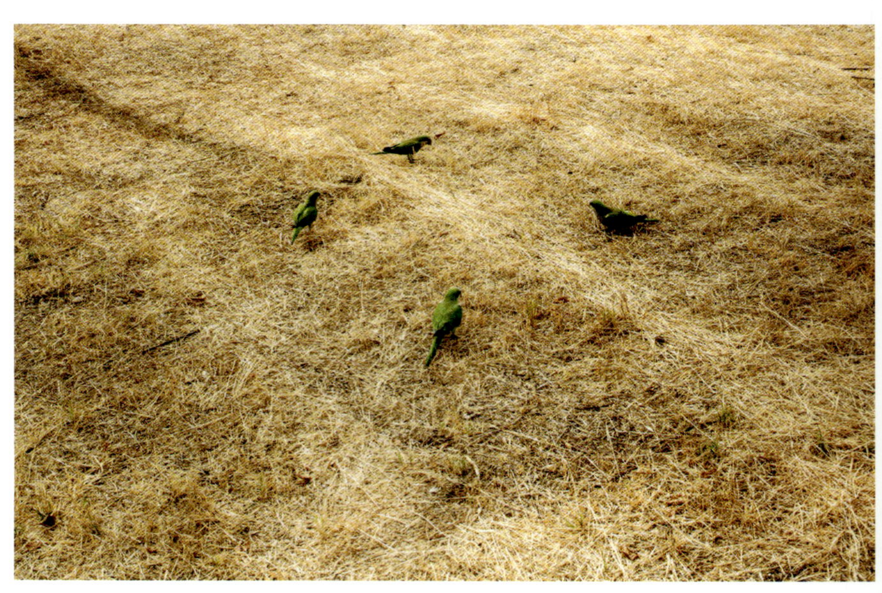

21. Casa de Campo, 2012. Antonio M. Xoubanova

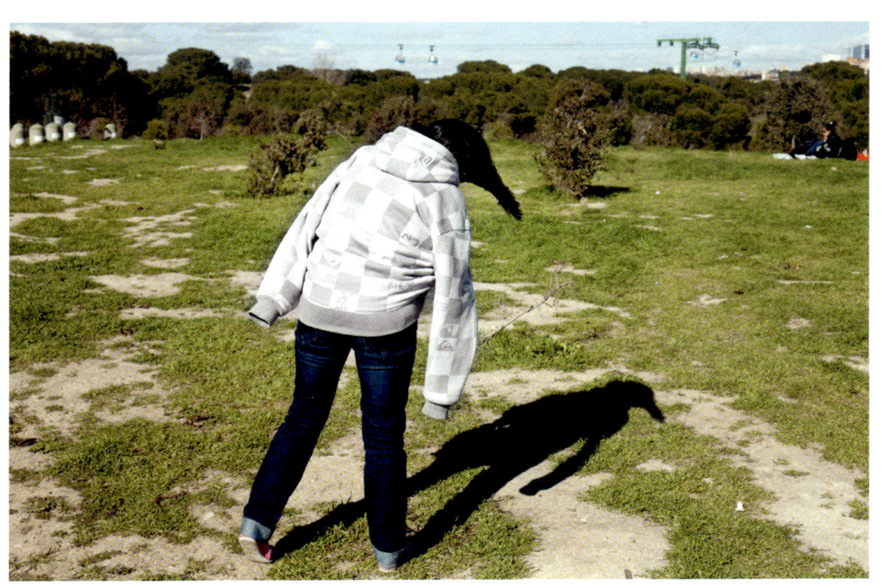

22. Casa de Campo, 2011. Antonio M. Xoubanova

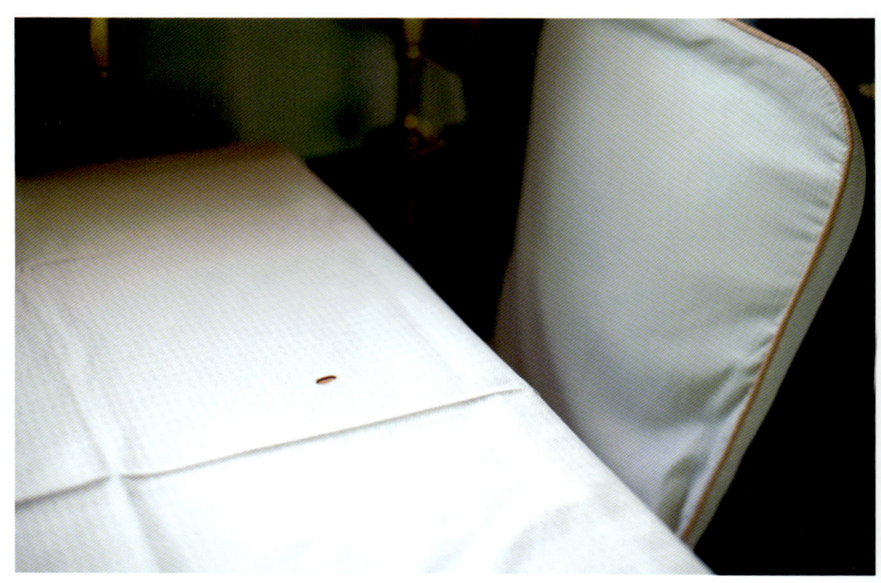

23. Grandes éxitos, 2010. Fosi Vegue

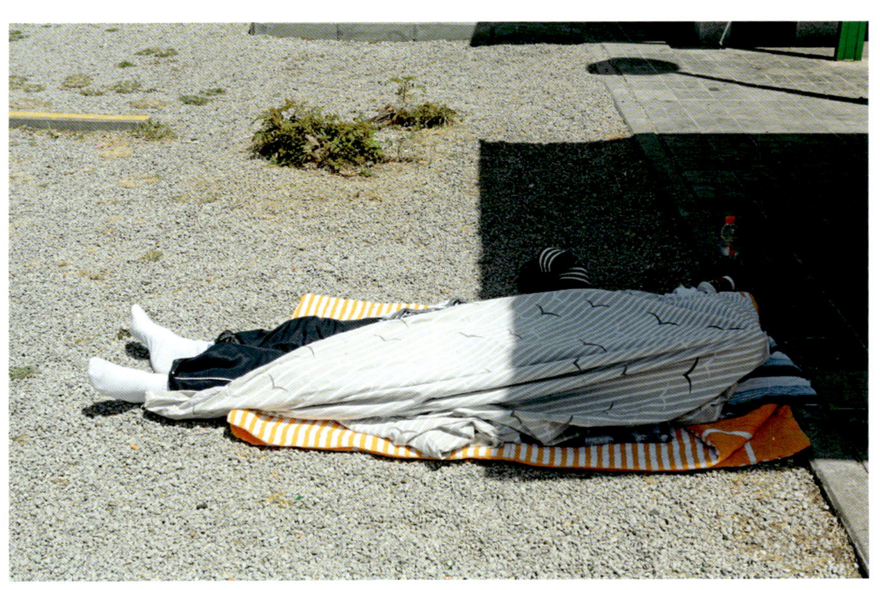

24. La curva, 2008. Óscar Monzón

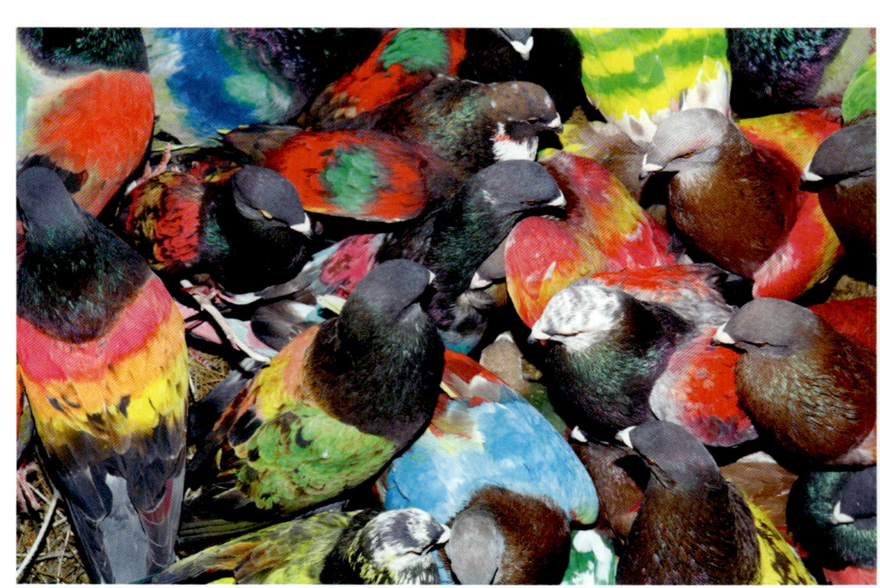

25. Paloma al aire, 2011. Ricardo Cases

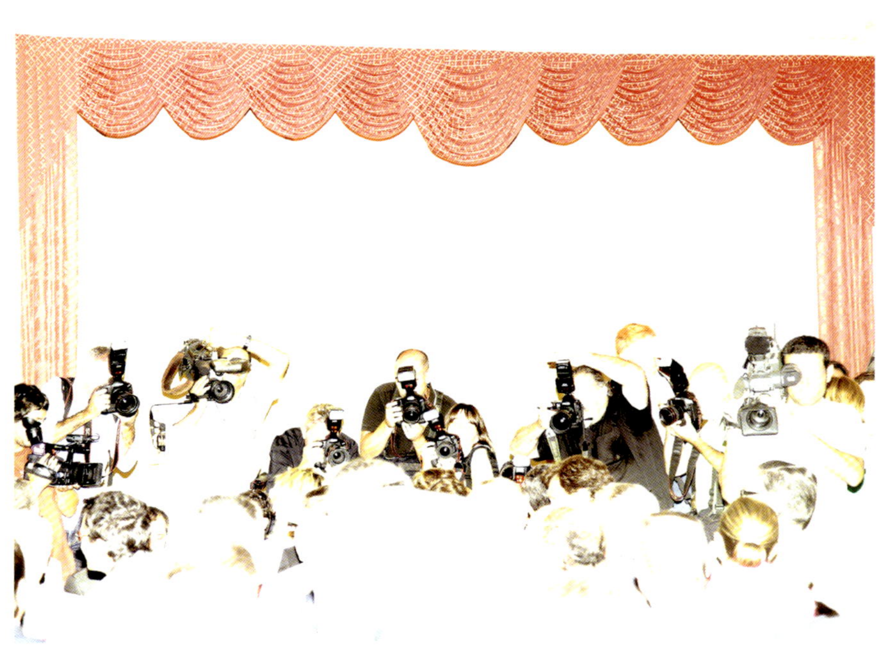

26. C.E.N.S.U.R.A., 2011. Julián Barón

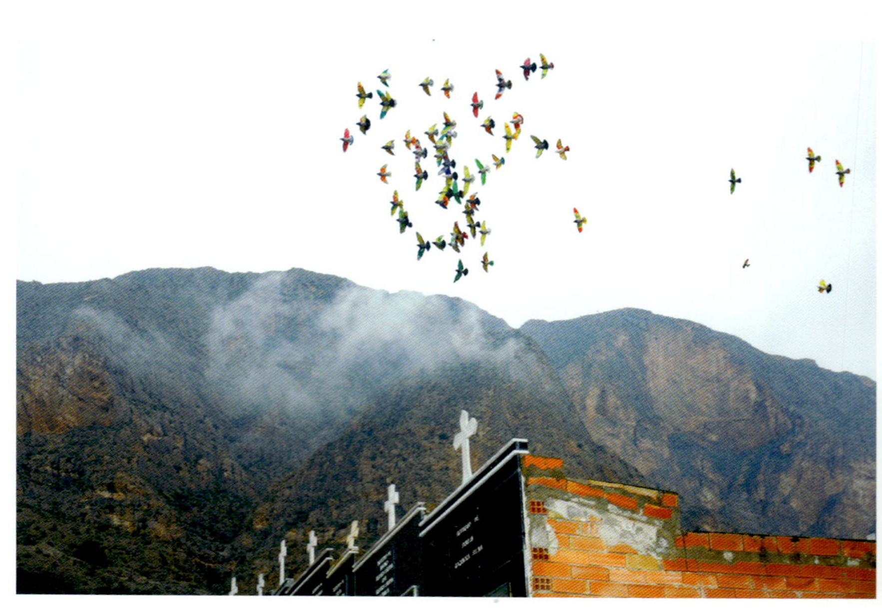

27. Paloma al aire, 2011. Ricardo Cases

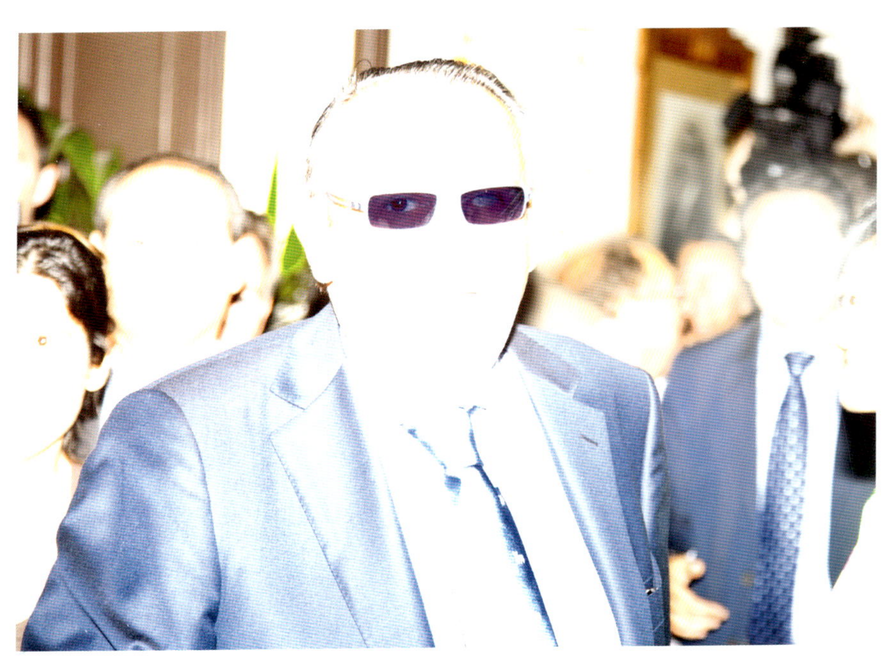

28. C.E.N.S.U.R.A., 2011. Julián Barón

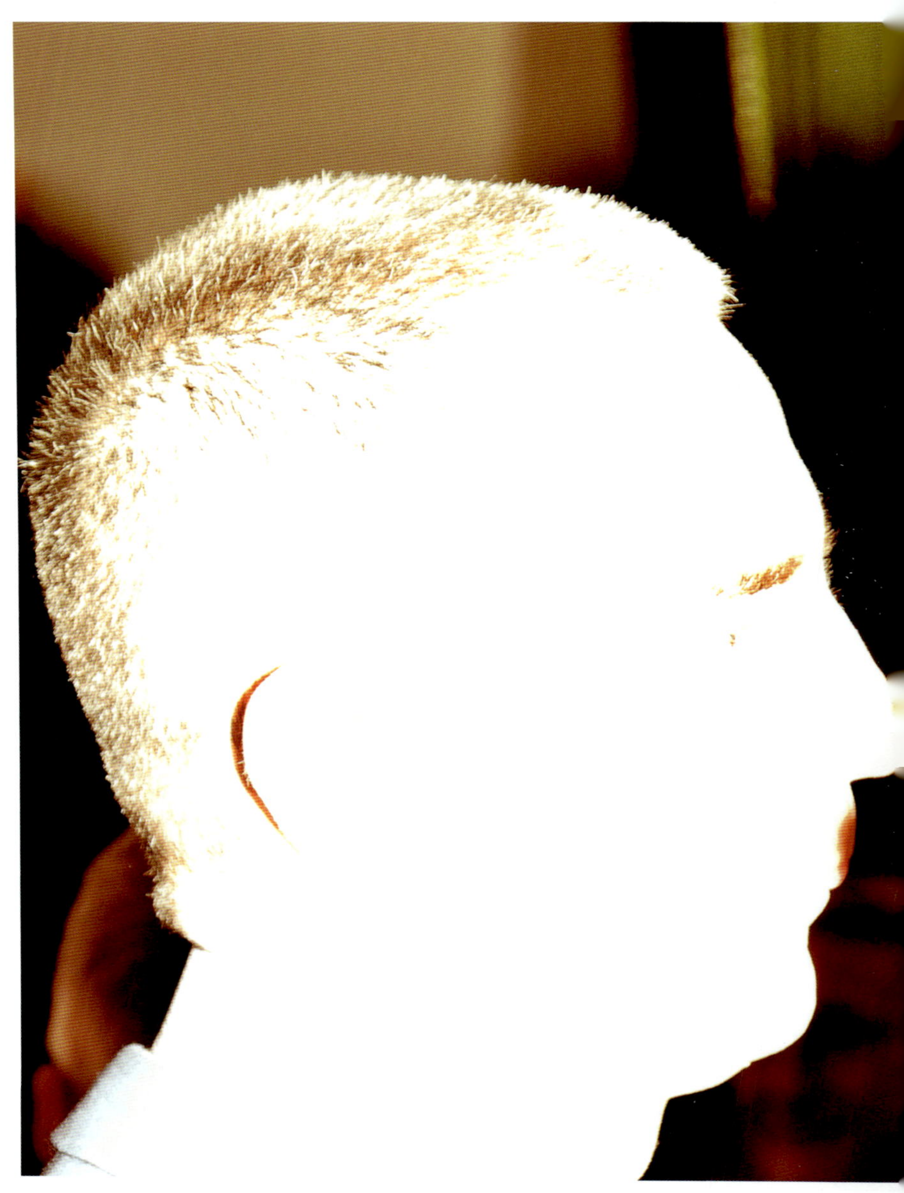

29. C.E.N.S.U.R.A., 2011. Julián Barón

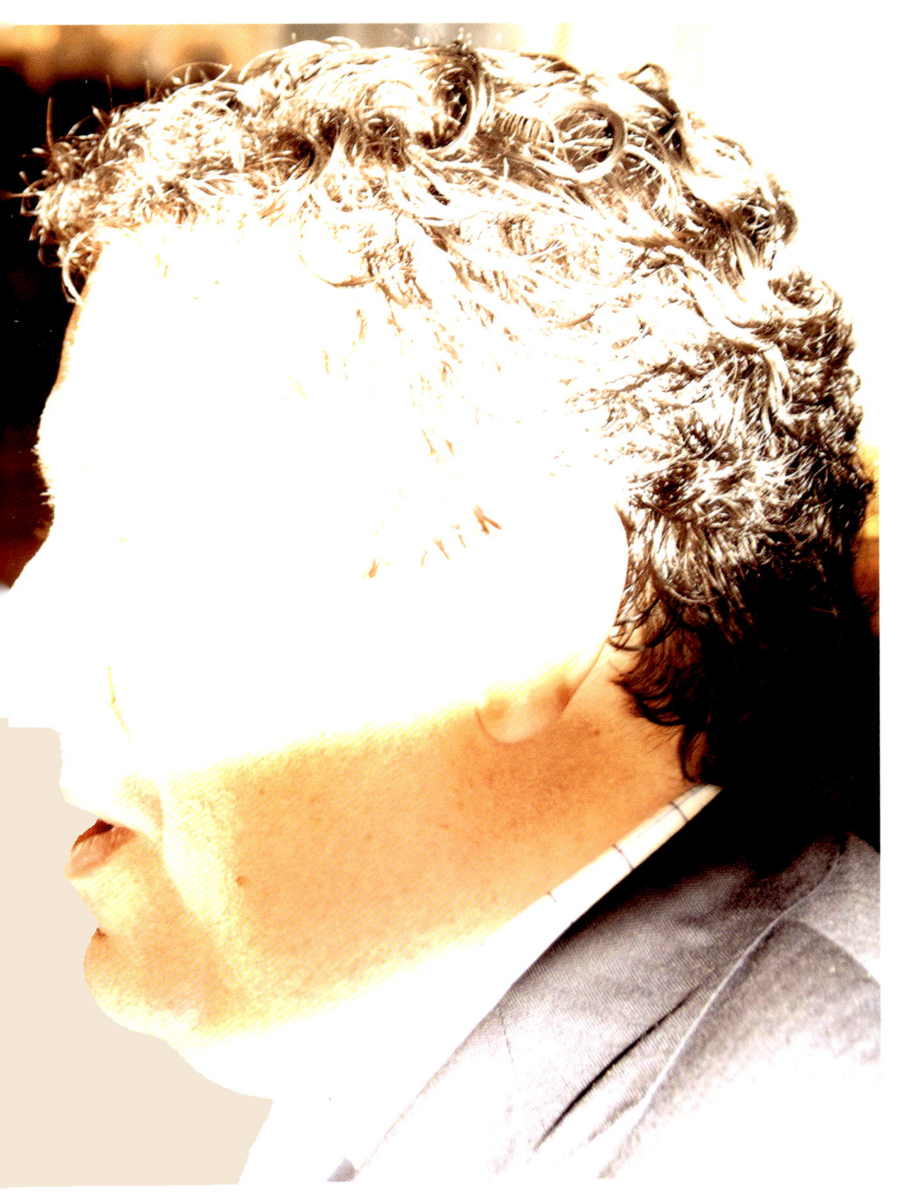

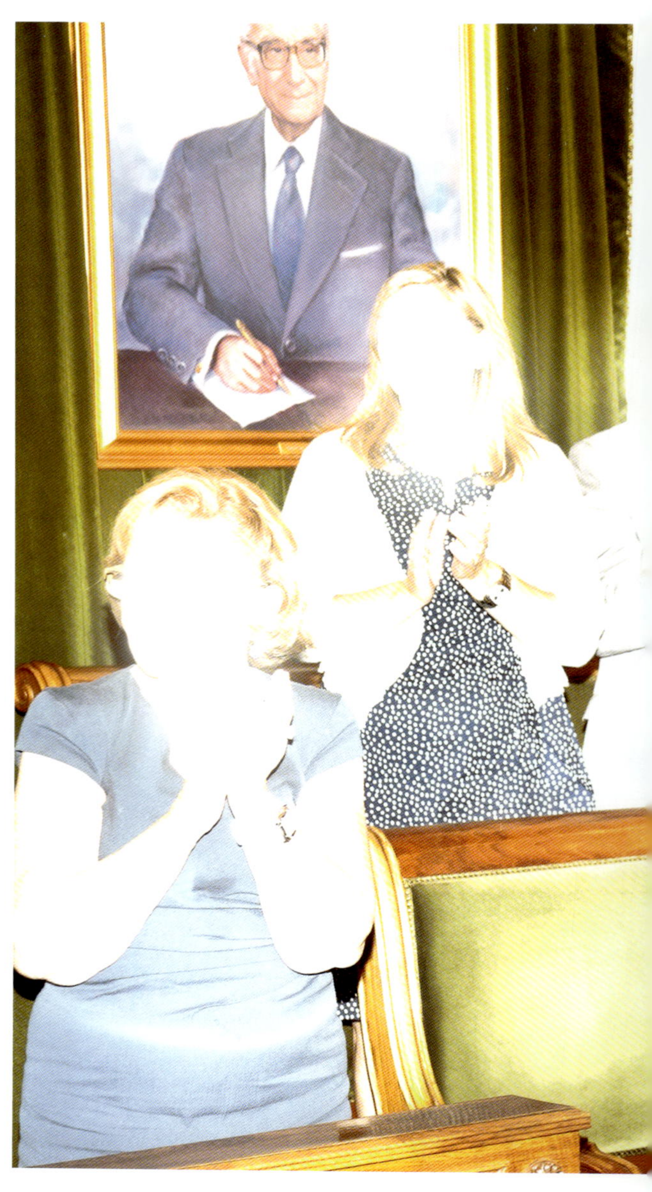

30. C.E.N.S.U.R.A., 2011. Julián Barón

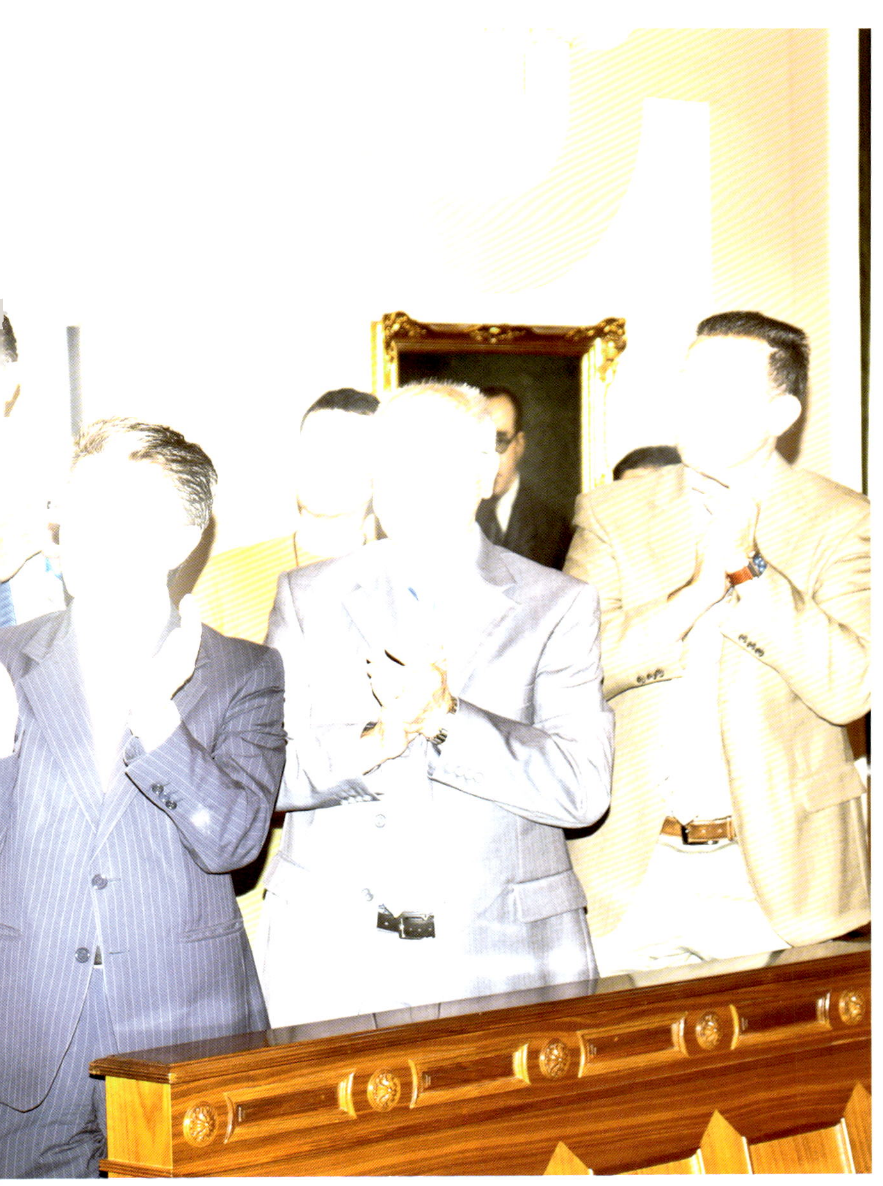

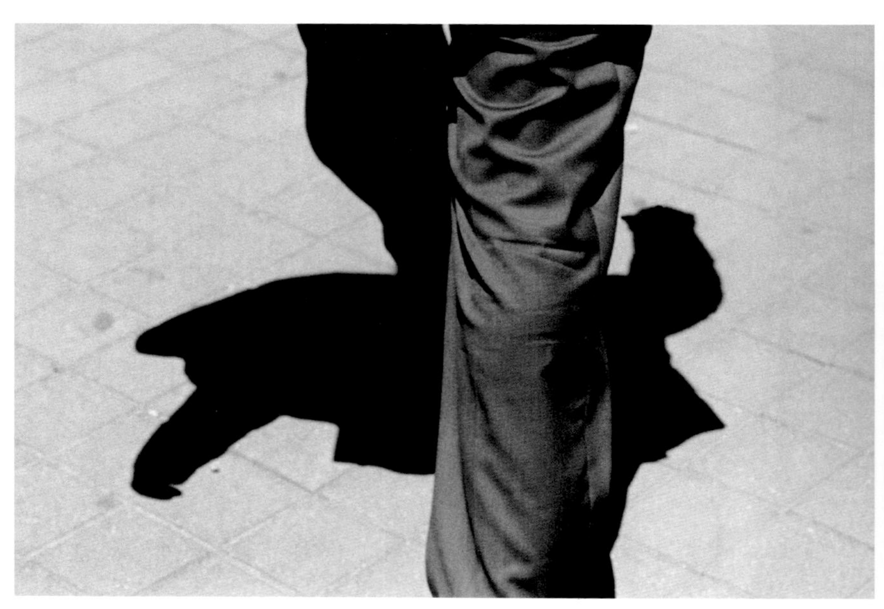

31. A, 2012. Alejandro Marote

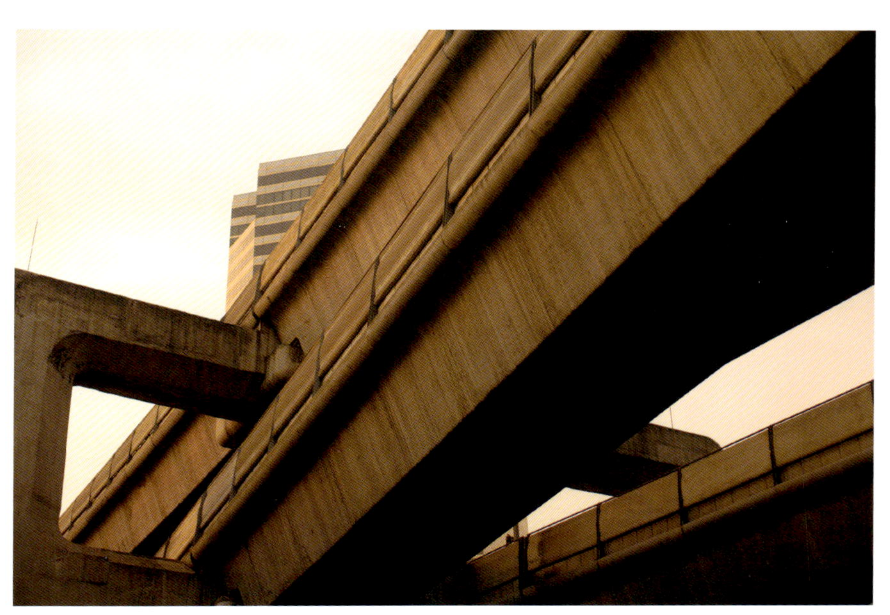

32. City-Zen, 2012. Mario Rey

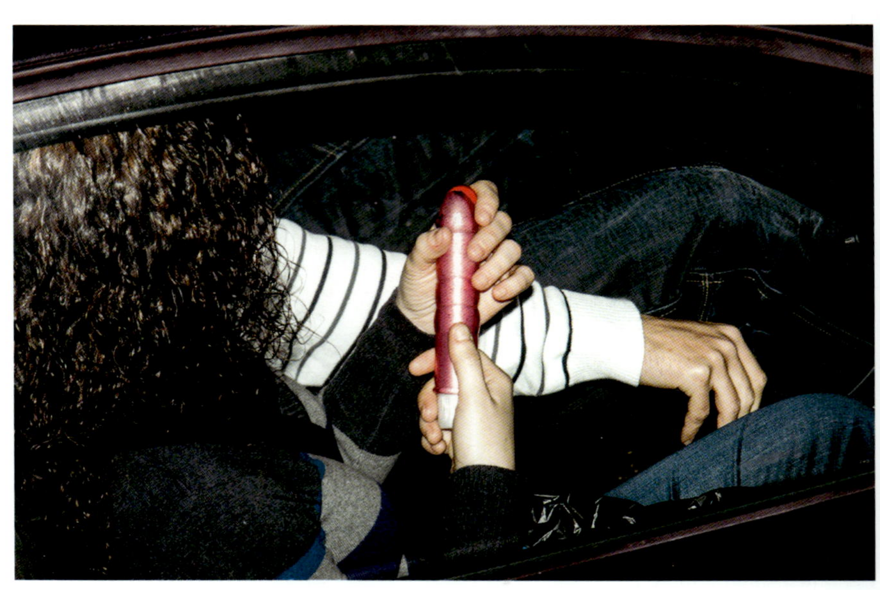

33. Karma, 2010. Óscar Monzón

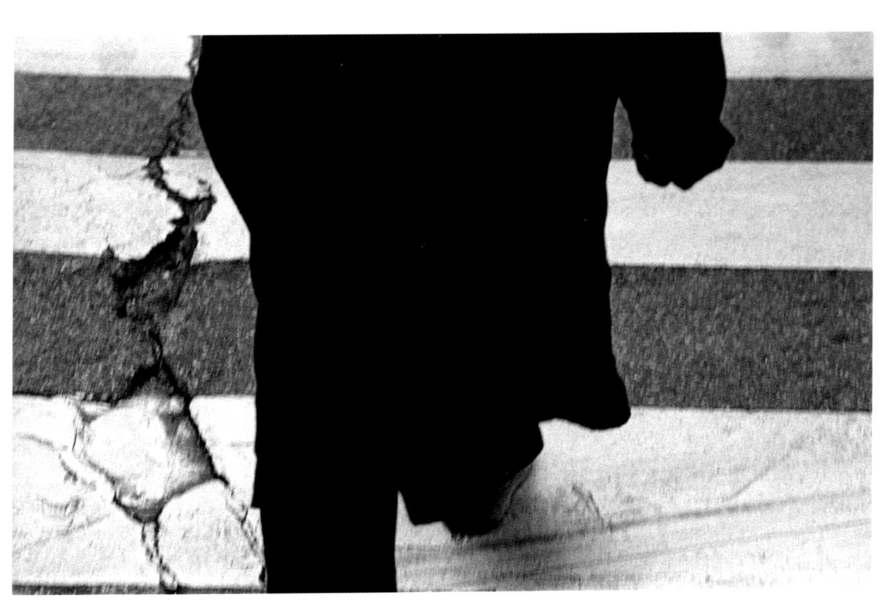

34. A, 2012. Alejandro Marote

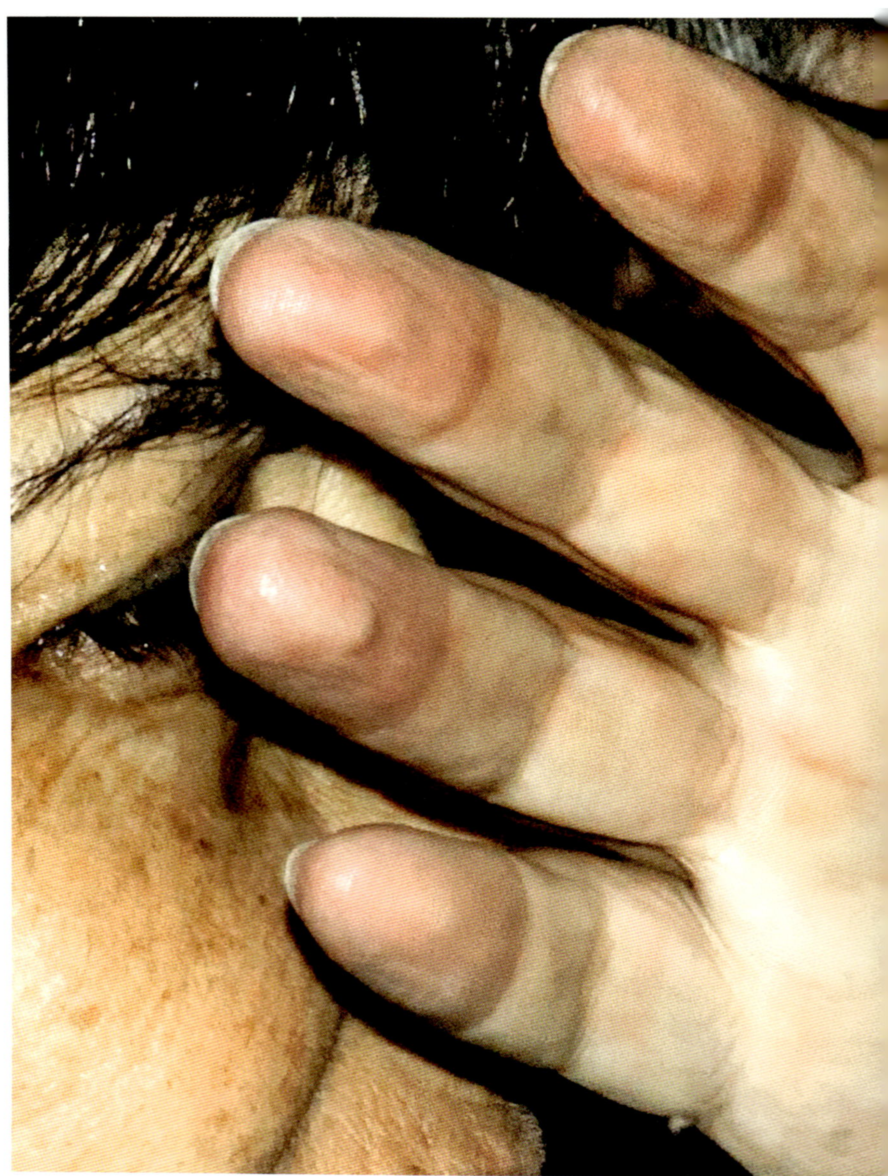

35. Karma, 2009. Óscar Monzón

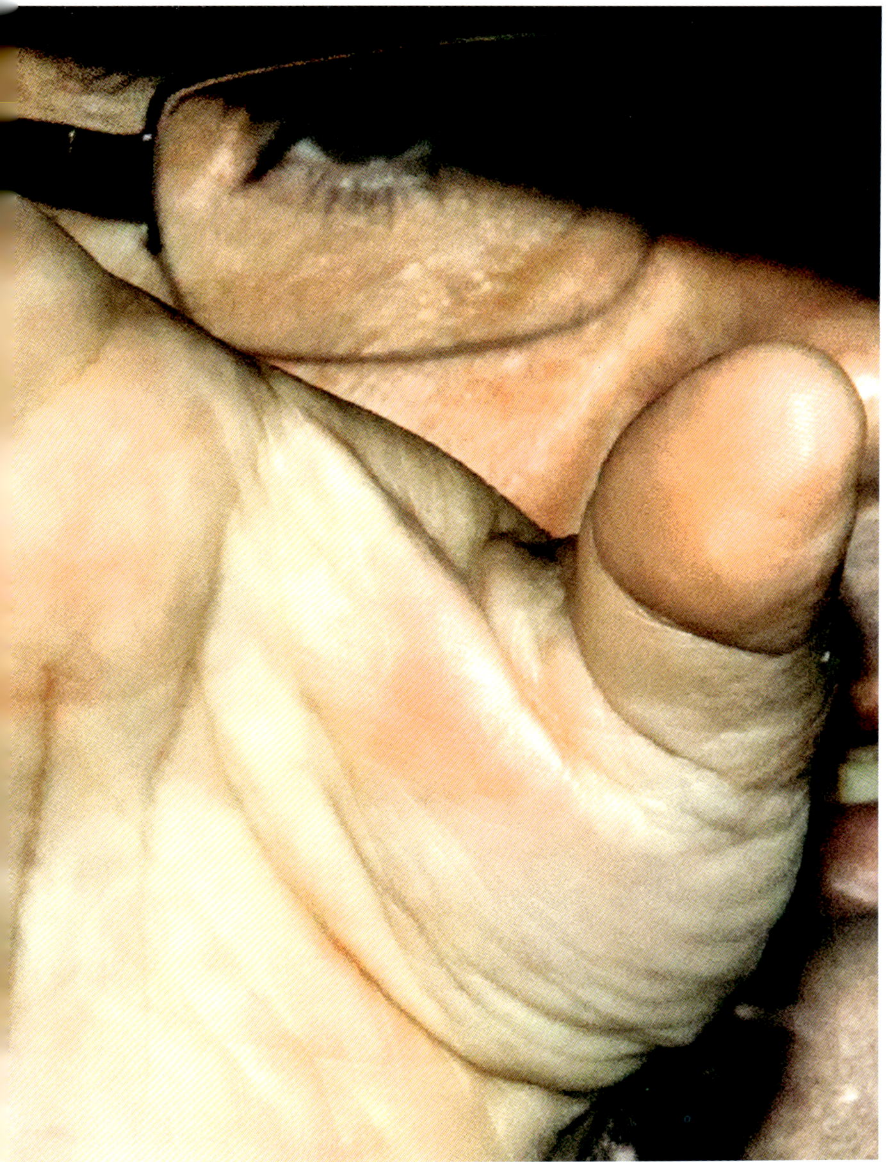

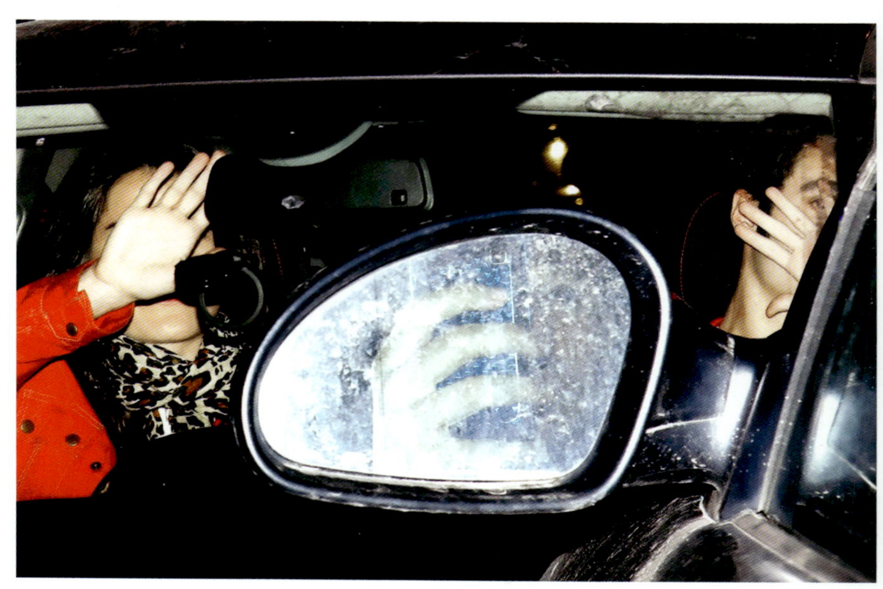

36. Karma, 2013. Óscar Monzón

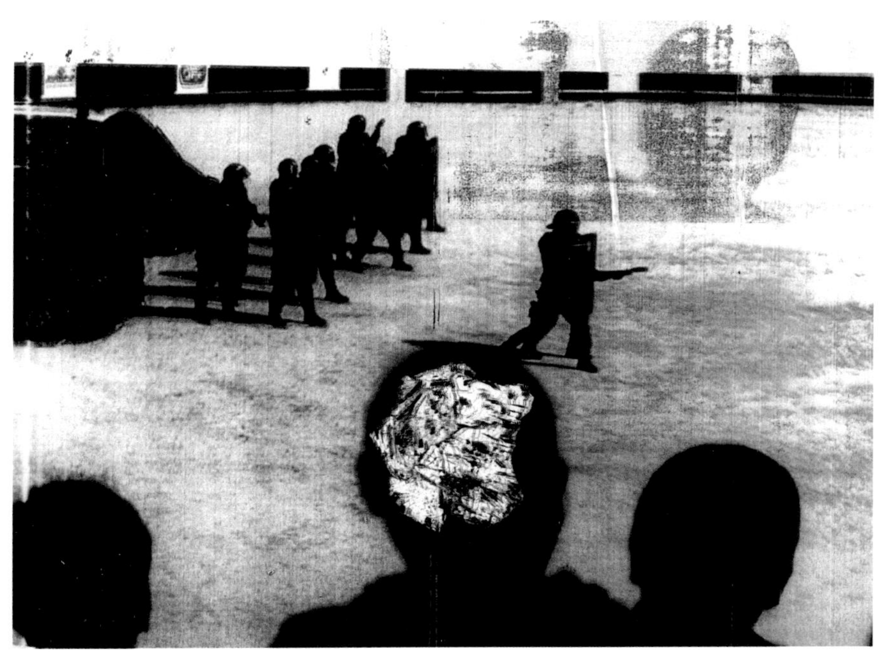

37. Tauromaquia, 2013. Julián Barón

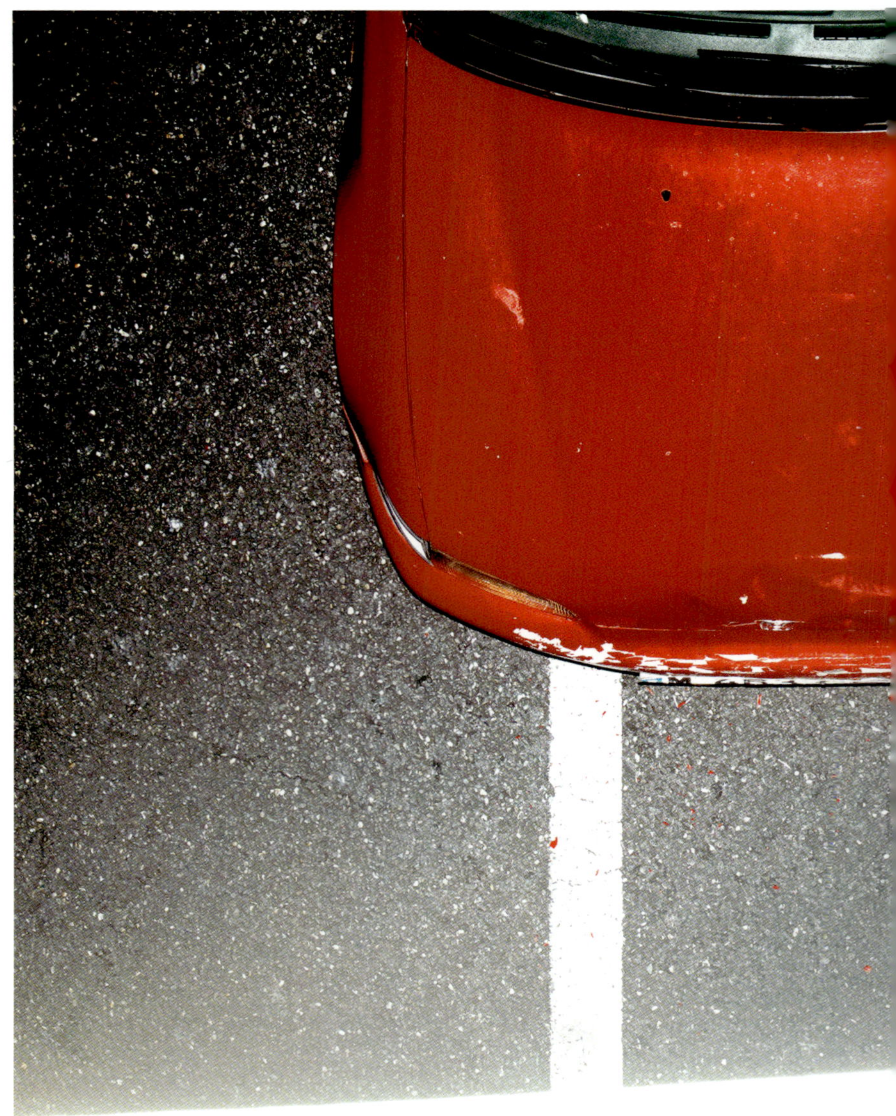

38. Karma, 2010. Óscar Monzón

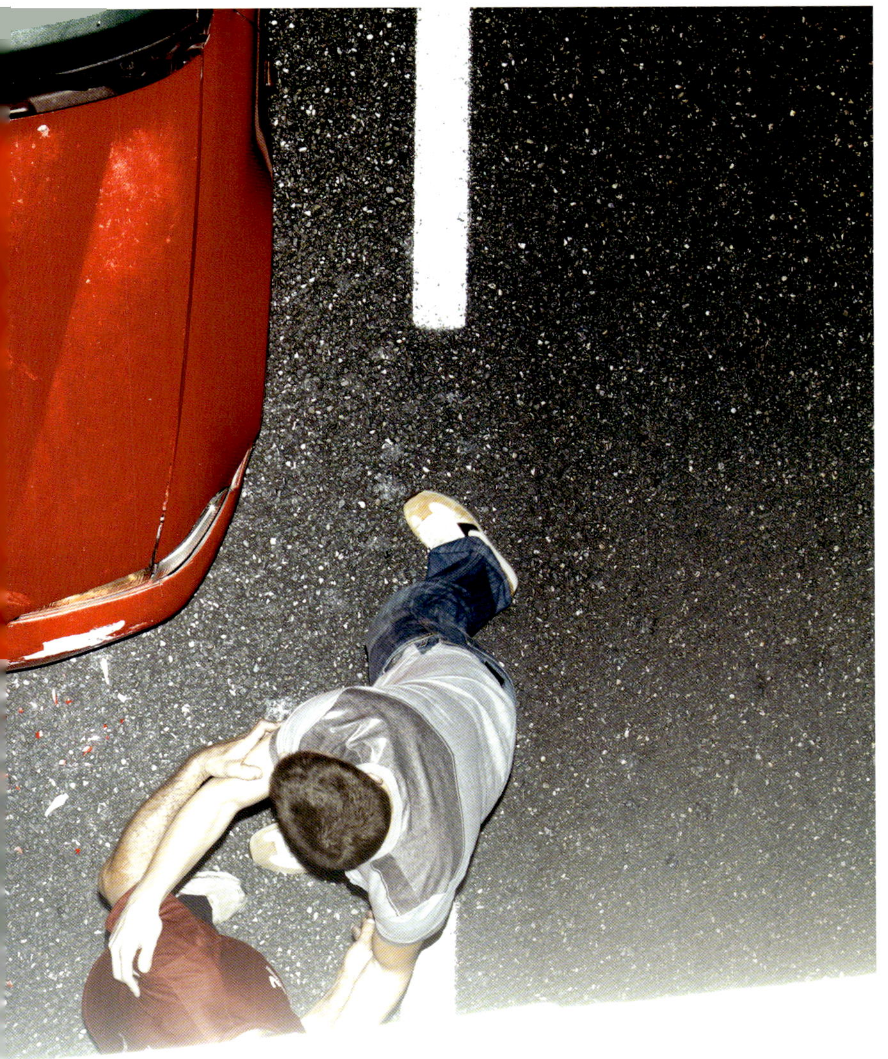

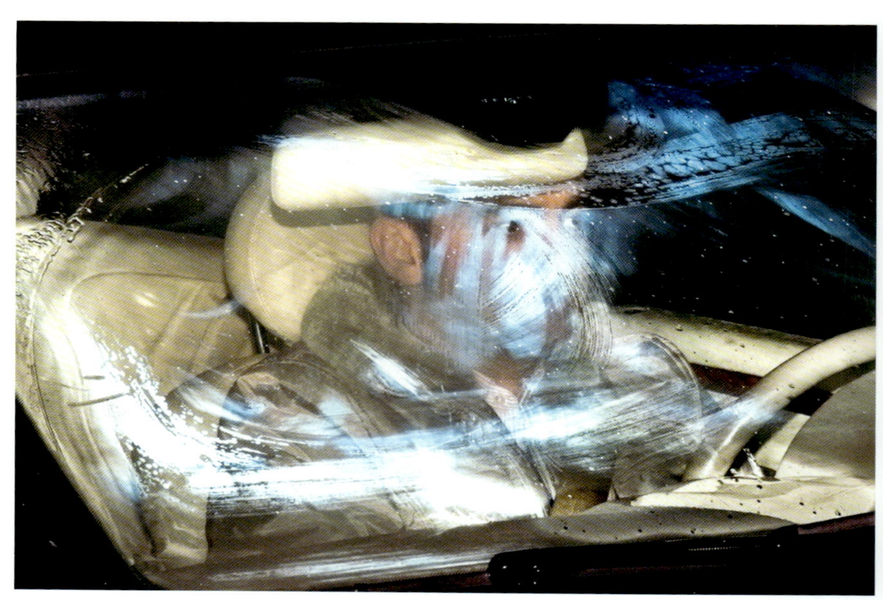

39. Karma, 2012. Óscar Monzón

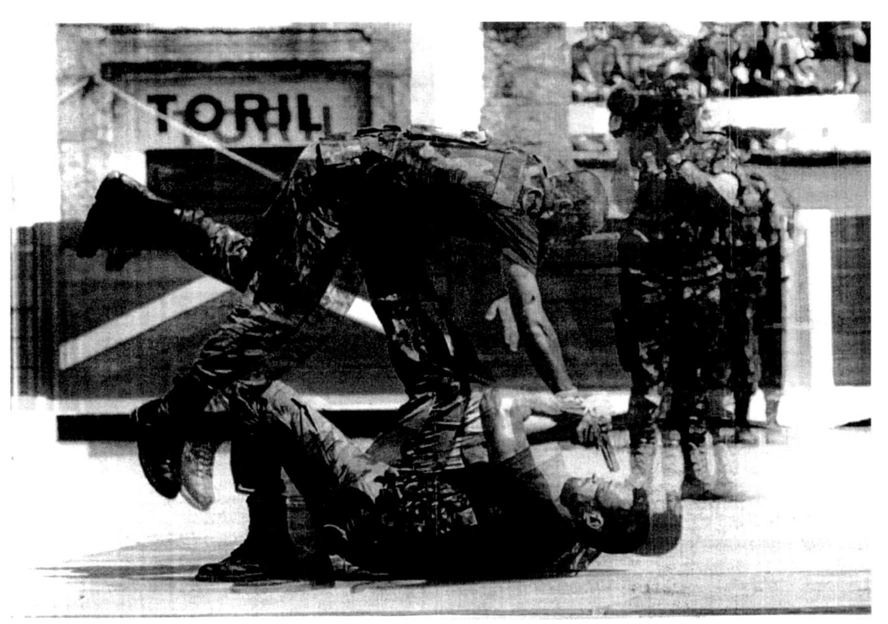

40. Tauromaquia, 2013. Julián Barón

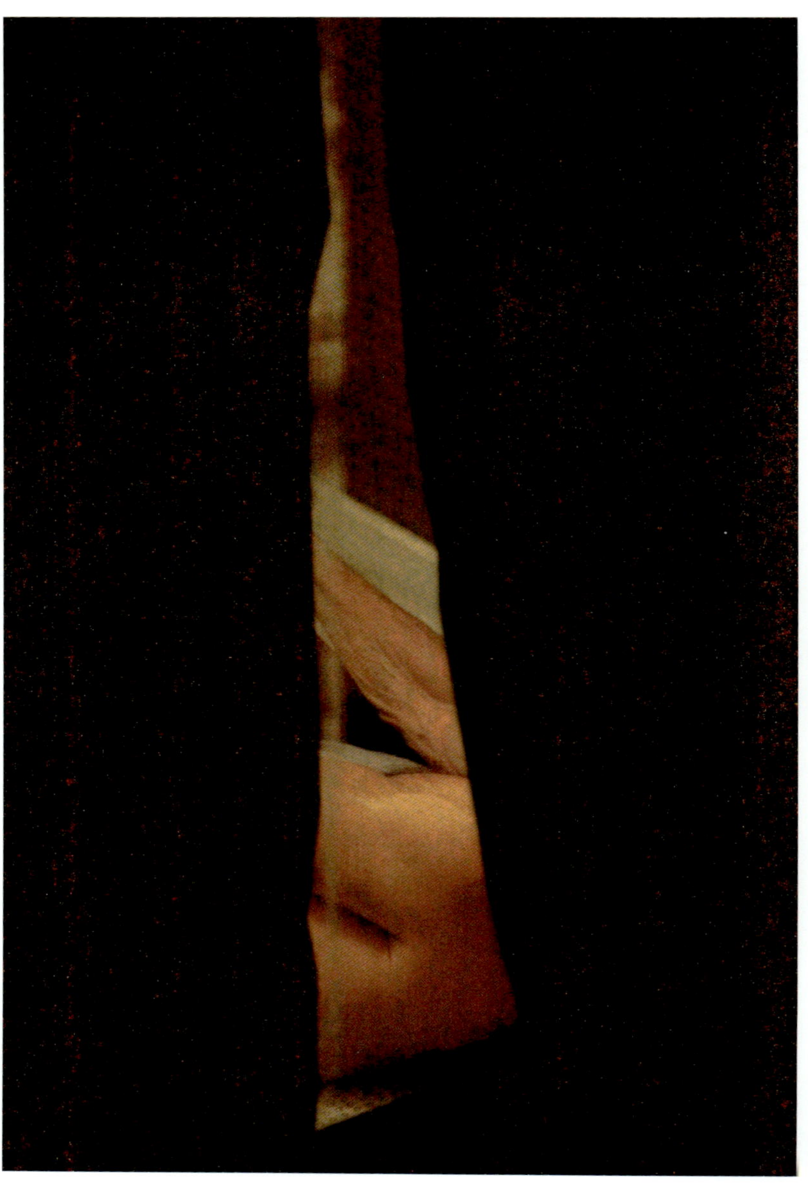

41. XY XX, 2014. Fosi Vegue

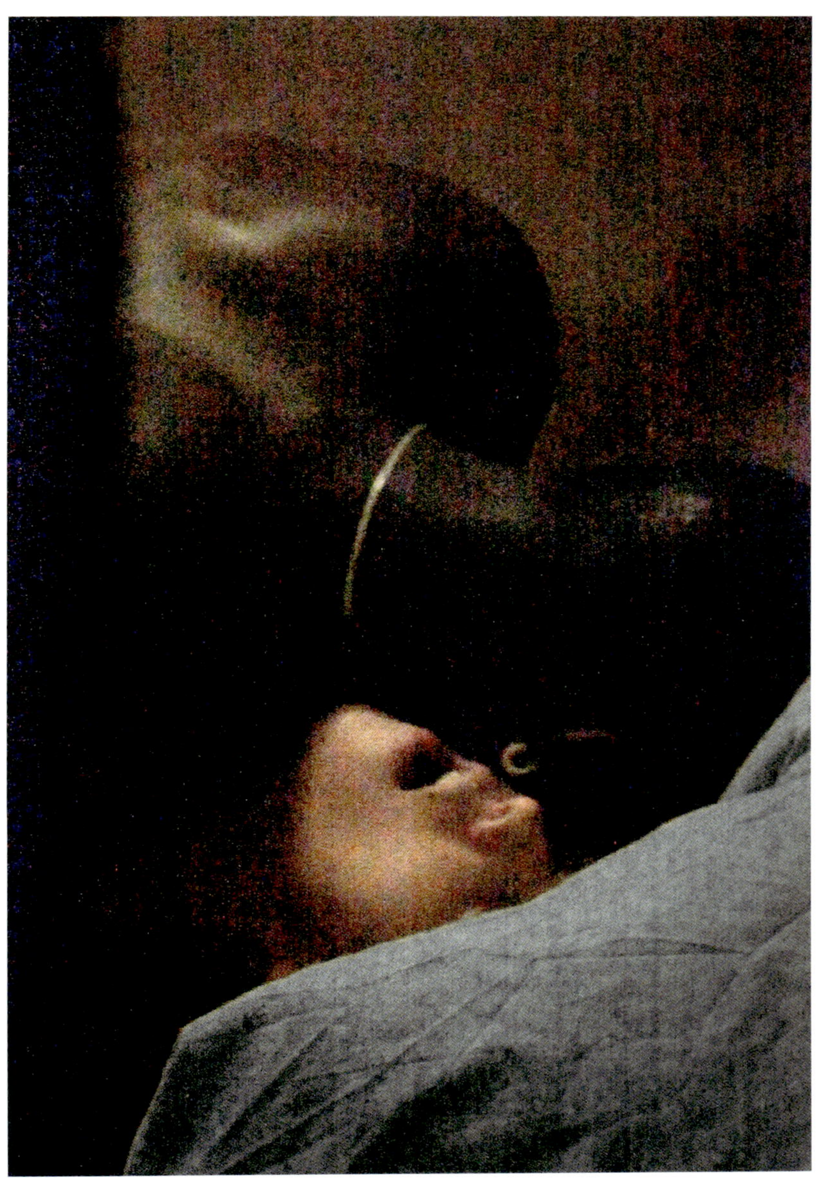

42. XY XX, 2014. Fosi Vegue

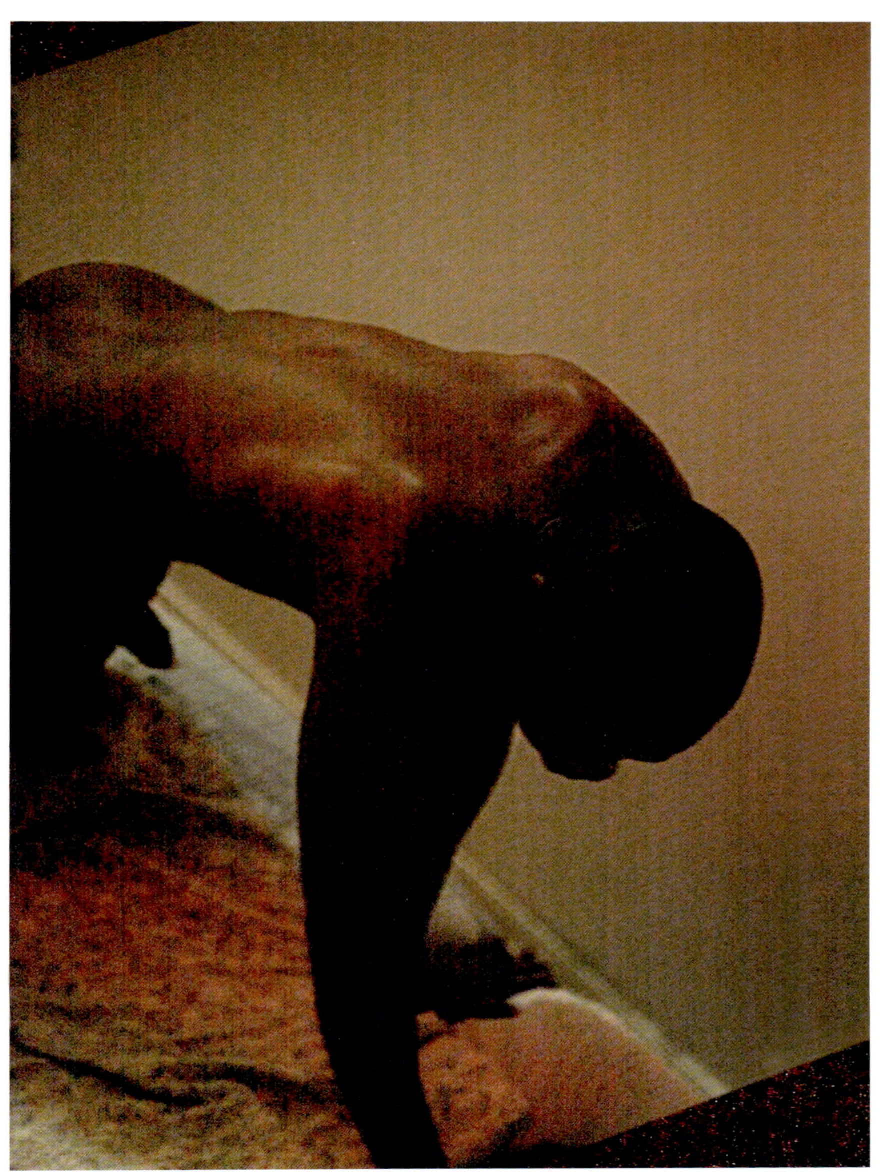

43. XY XX, 2014. Fosi Vegue

44. A, 2013. Alejandro Marote

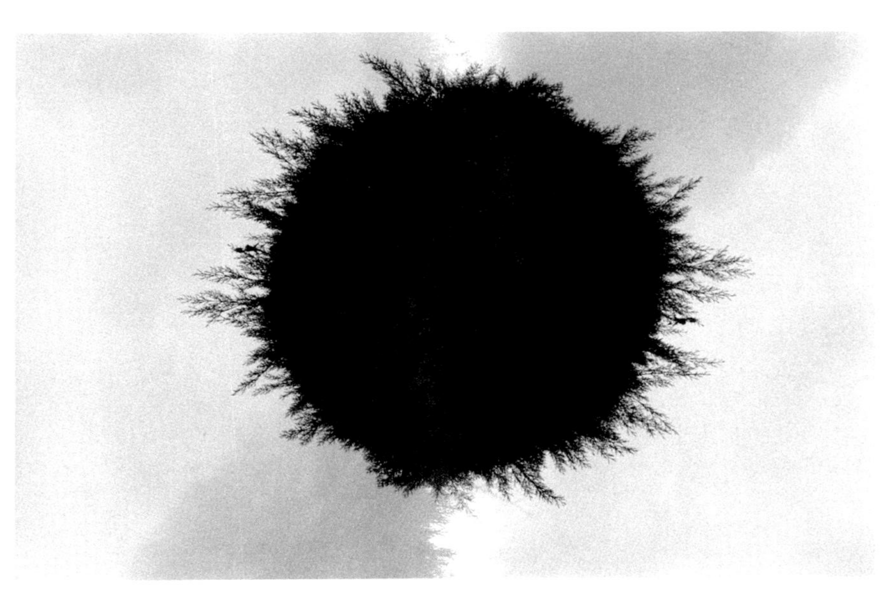

45. A, 2013. Alejandro Marote

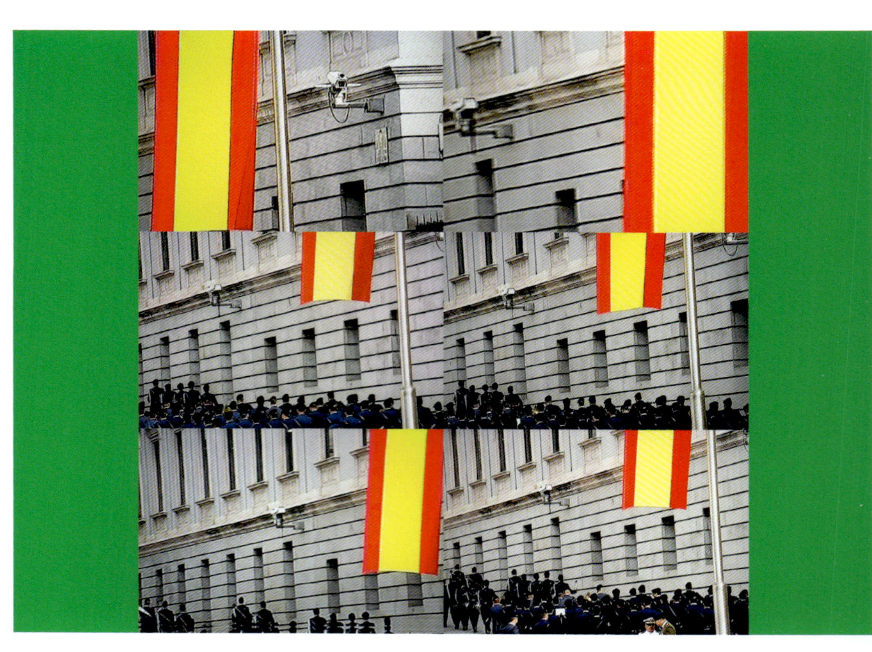

46. Los últimos días vistos del rey, 2014. Julián Barón

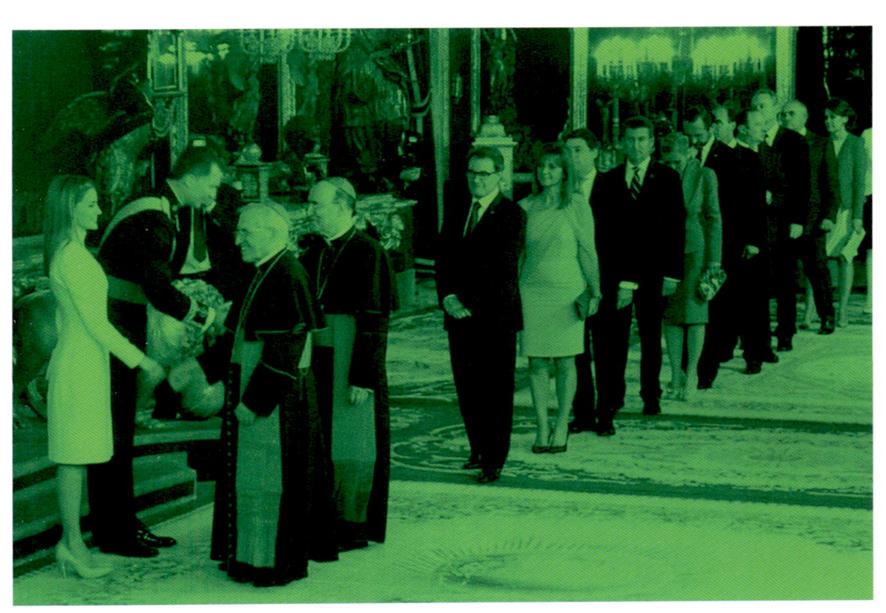

47. Los últimos días vistos del rey, 2014. Julián Barón

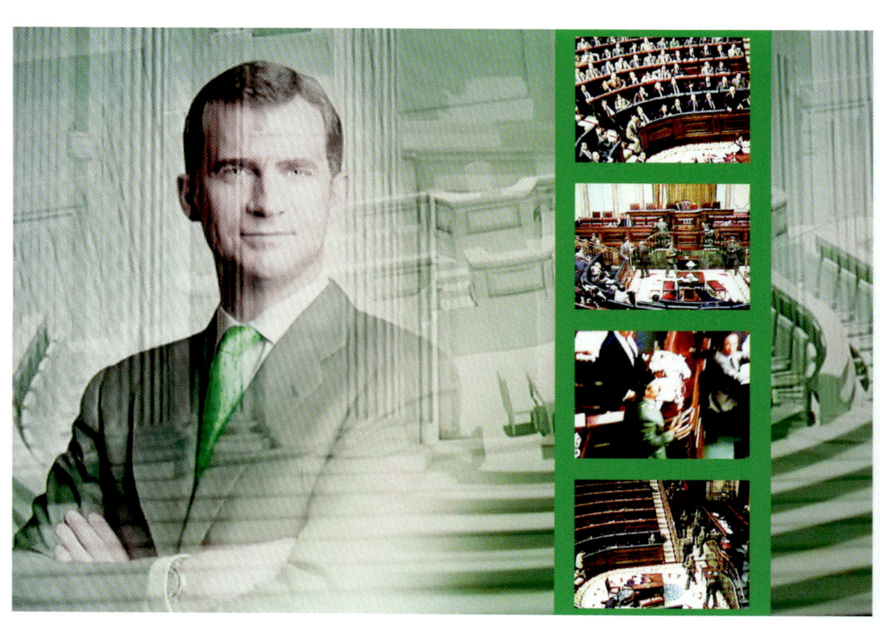

48. Los últimos días vistos del rey, 2014. Julián Barón

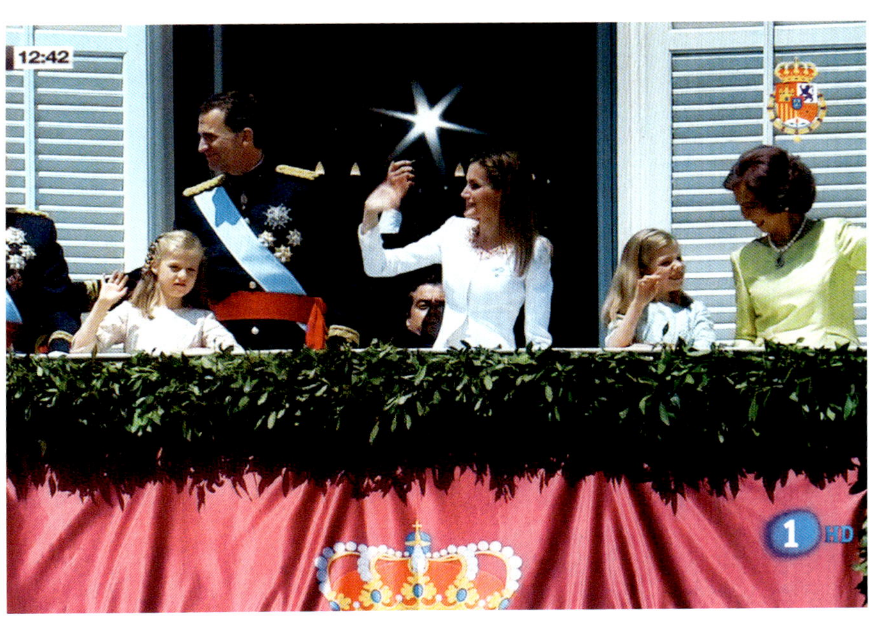

49. Los últimos días vistos del rey, 2014. Julián Barón

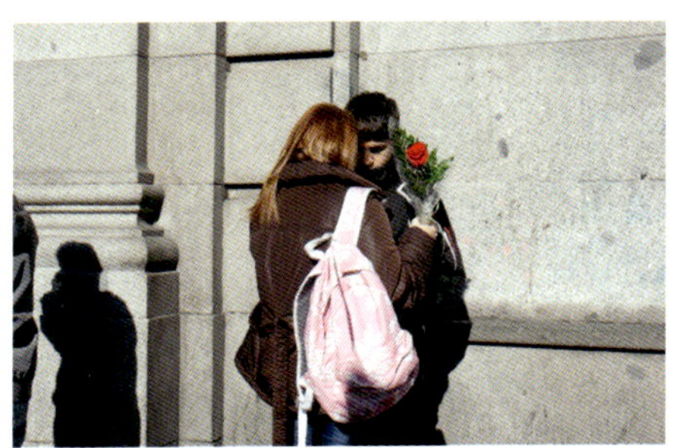

0,00125s

50. Un universo pequeño, 2013. Antonio M. Xoubanova

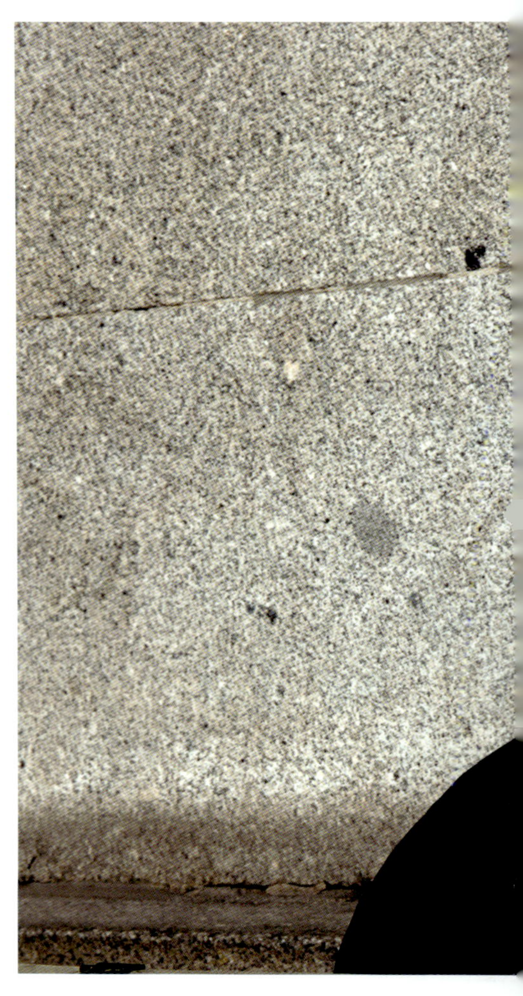

0,0166s

51. Un universo pequeño, 2015. Antonio M. Xoubanova

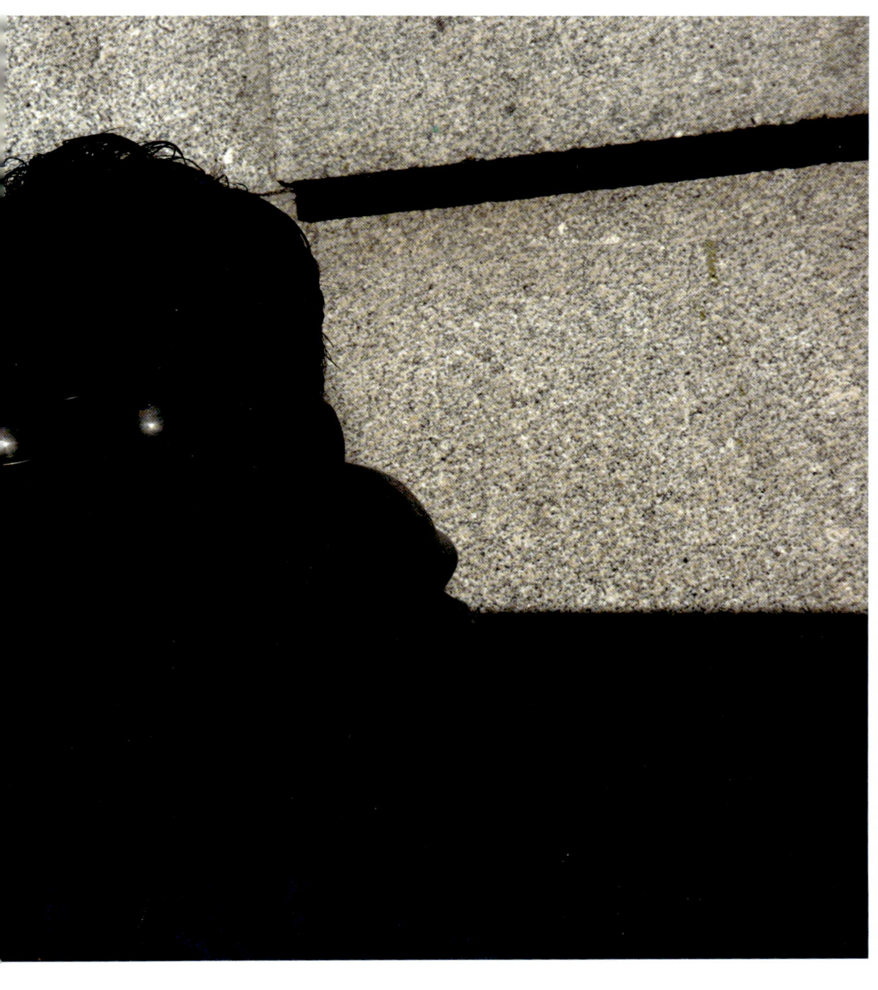

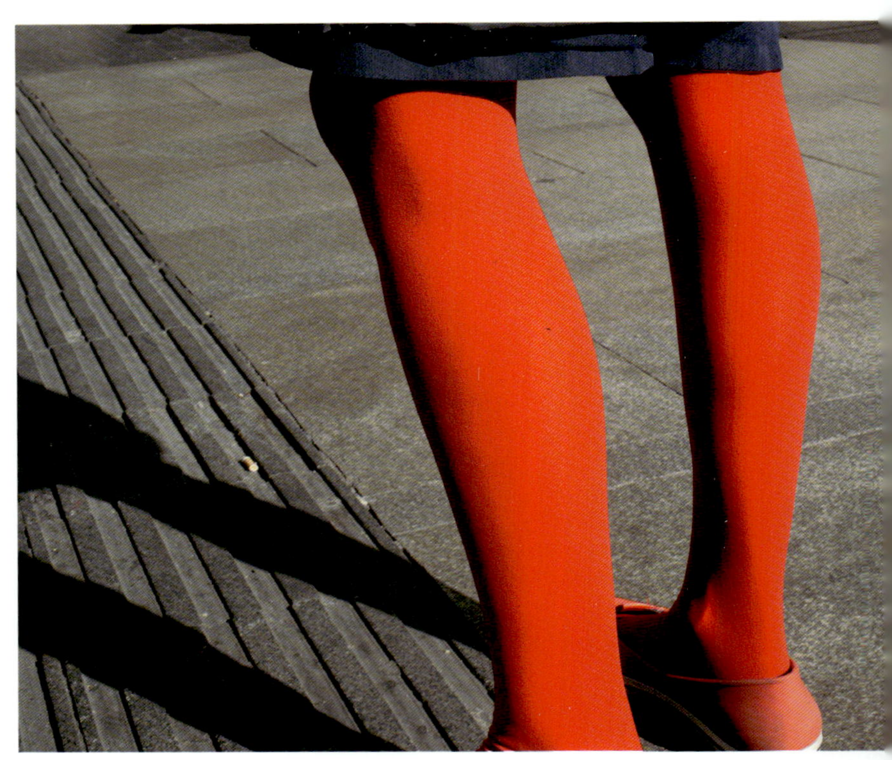

0,01s

52. Un universo pequeño, 2014. Antonio M. Xoubanova

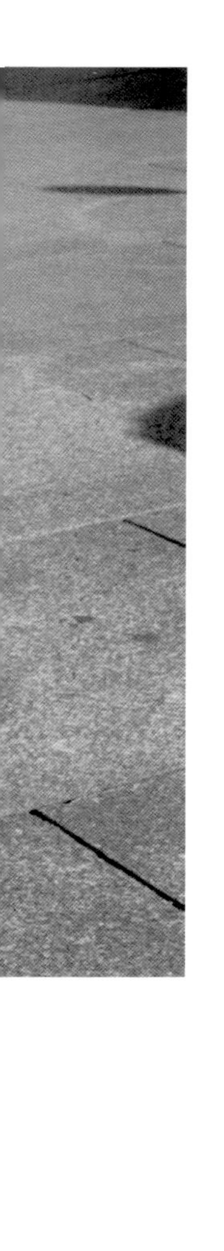

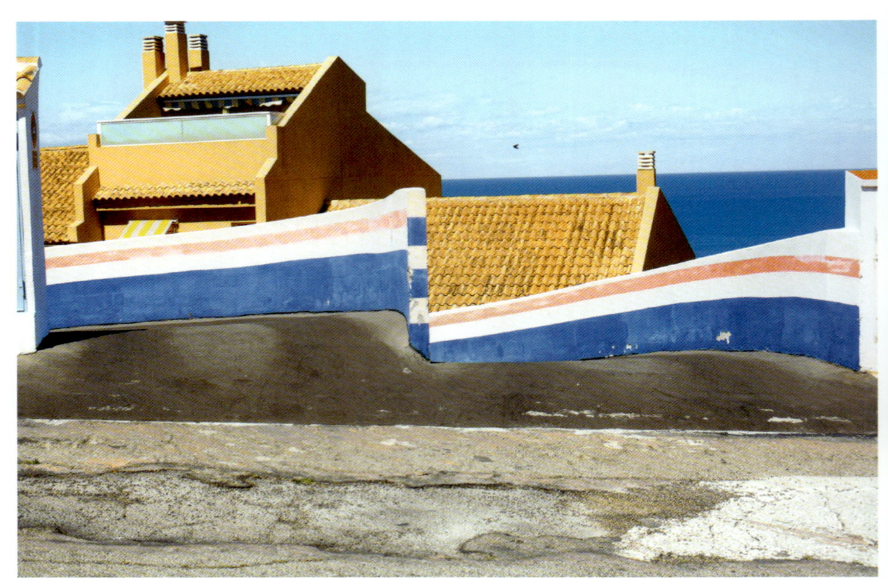

53. El porqué de las naranjas, 2014. Ricardo Cases

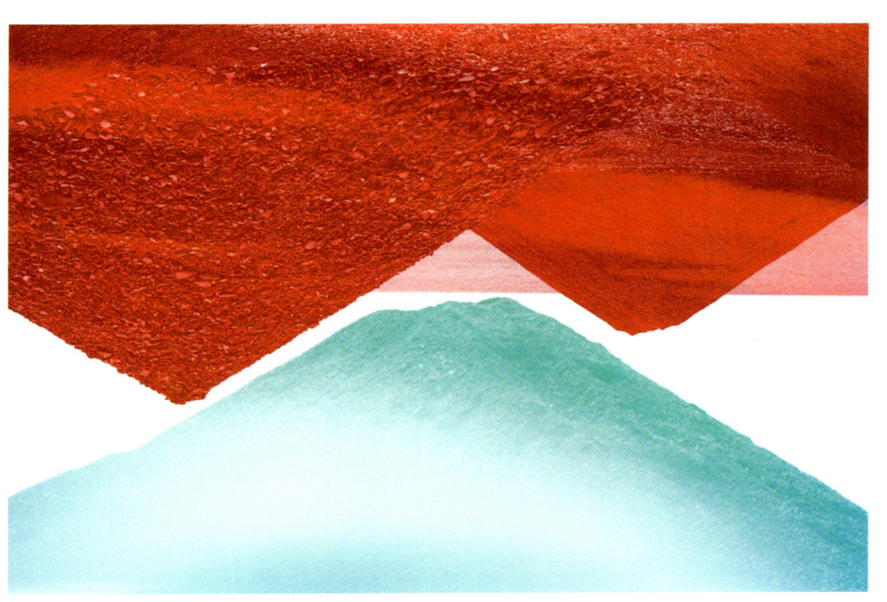

54. B, 2014. Alejandro Marote

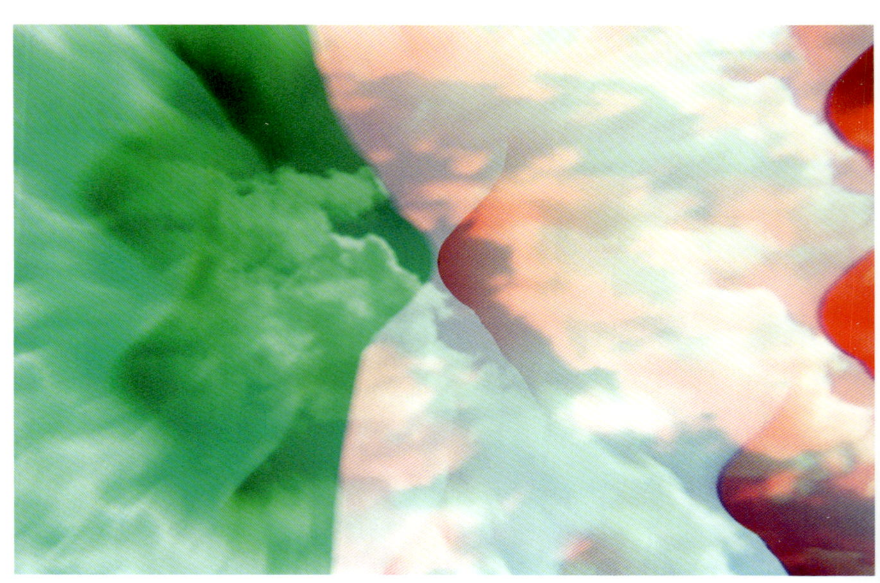

55. AB, 2014. Alejandro Marote

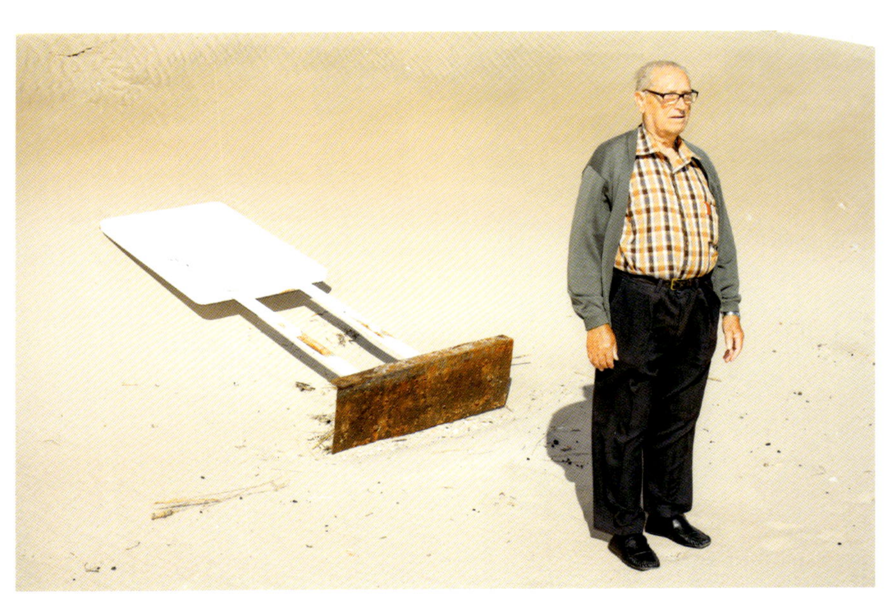

56. El porqué de las naranjas, 2014. Ricardo Cases

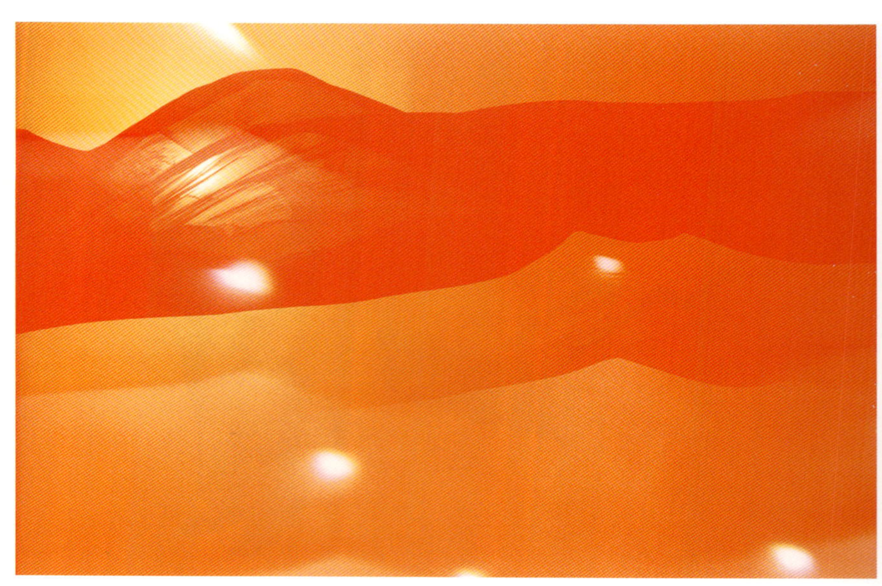

57. 0, 2014. Alejandro Marote

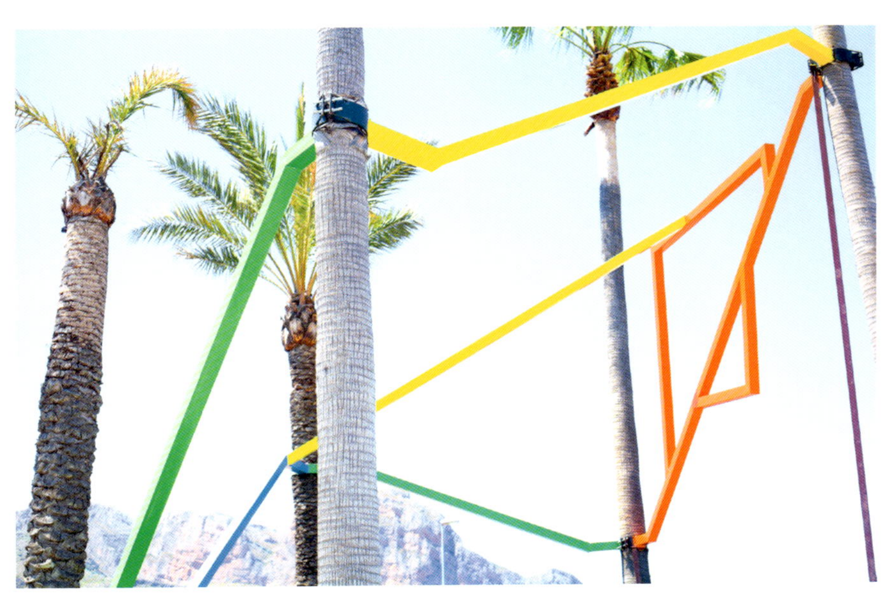

58. El porqué de las naranjas, 2014. Ricardo Cases

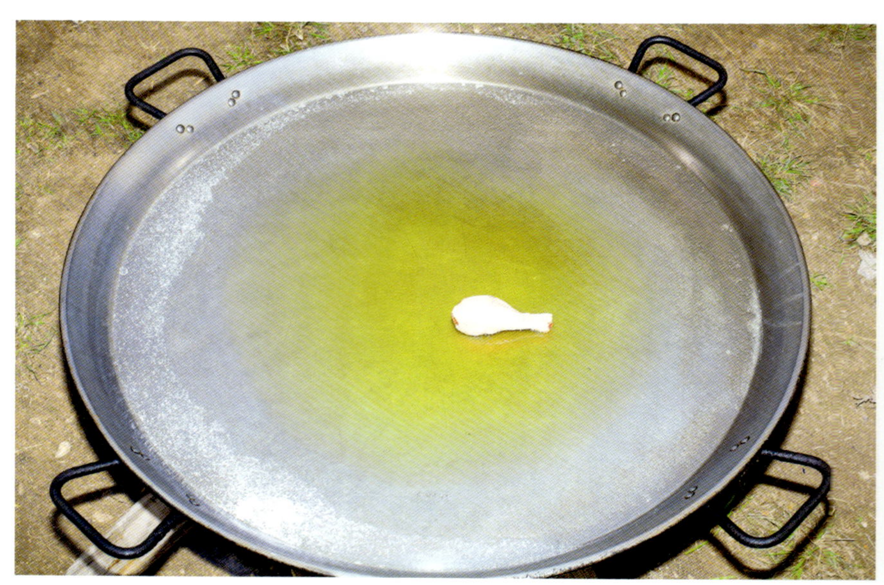

59. El porqué de las naranjas, 2014. Ricardo Cases

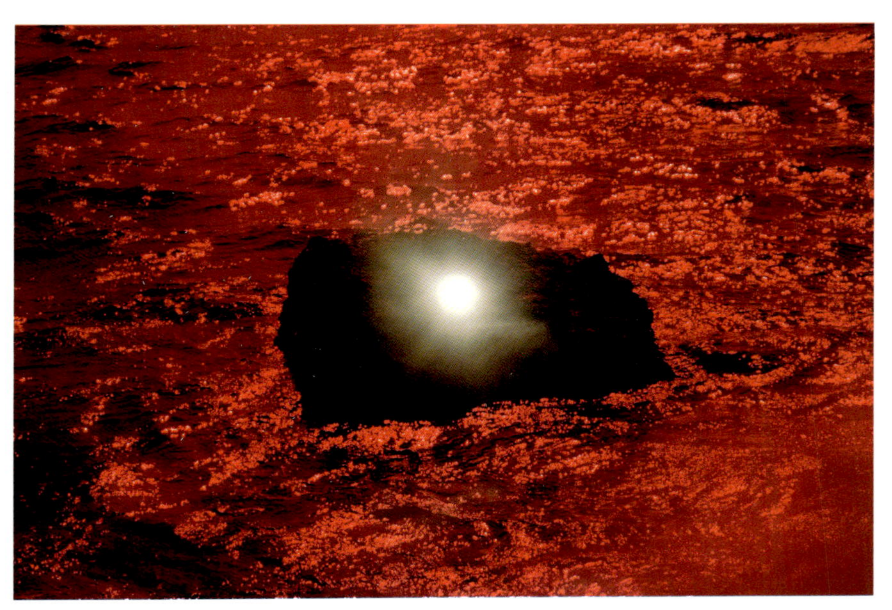

60. B, 2014. Alejandro Marote

Cronología

2001 Antonio Xoubanova, Óscar Monzón, Mario Rey y
Fosi Vegue comienzan a estudiar fotografía en la
escuela Arte 10 de Madrid, con el profesor Manuel
Santos, donde se produce la gestación del colectivo
Blank Paper.
2003 Se funda el colectivo Blank Paper: Antonio
Xoubanova, Óscar Monzón, Mario Rey y Fosi Vegue
desde Madrid; Sergi Cámara desde Barcelona y
Eutropio Rodríguez desde Lugo.
2004 Antonio Xoubanova recibe el Premio Artes Plásticas
y Fotografía, del Colegio de España en París, del
Ministerio de Cultura.
2005 Ricardo Cases entra a formar parte del colectivo.
Fosi Vegue recibe la beca Fotopres'05 para desarrollar
su proyecto *Extremaunción*.
Sergi Cámara y Eutropio Rodríguez salen del colectivo.
Julián Barón recibe un accésit del Premio Injuve'05 del
Ministerio de Cultura.
Antonio Xoubanova recibe el Premio de Fotografía
ARCO'05.
2006 Con una sede en el centro de Madrid, Blank Paper
Escuela comienza sus actividades.
Alejandro Marote es uno de los primeros alumnos de la
escuela en Madrid.
Presentación del colectivo en el Seminario de Fotografía
y Periodismo de Albarracín.
Óscar Monzón recibe el Premio Artes Plásticas
y Fotografía del Colegio de España en París, del
Ministerio de Cultura.
Mario Rey es finalista del Premio de Fotografía
Contemporánea Purificación García.
2007 Alejandro Marote y Julián Barón entran a formar parte
del colectivo.
Ricardo Cases, Fosi Vegue y Julián Barón reciben el
Premio de Fotografía ARCO'07.
Antonio Xoubanova recibe la beca Fotopres'07 para
desarrollar su proyecto *M30*.
Se pone en marcha una sede de Blank Paper Escuela
en Castellón.
2008 Ricardo Cases recibe el Premio Nuevo Talento FNAC
de Fotografía y la Beca OFE de la Universidad de
Extremadura.
Presentación del colectivo en TRAFIC'08 en el CCCB
de Barcelona y en el I Festival Sevilla Foto.
Fosi Vegue recibe la beca Fotopres'09 para desarrollar
su proyecto *Grandes éxitos*.
Julián Barón pone en marcha una sede de la escuela
en Valencia.
2009 Natalia Troitiño y Ricardo Cases fundan Fiesta
Ediciones.

2010 Ricardo Cases recibe la Beca de la Comunidad de
Madrid, para la producción de su trabajo *Paloma al aire*.
Fosi Vegue es finalista del Premio Descubrimientos
PHotoEspaña.

2011 Julián Barón recibe la mención de honor por el libro
C.E.N.S.U.R.A. en el First Book Award, de Paris
Photo-Aperture Foundation.
Óscar Monzón es finalista del Premio Descubrimientos
PHotoEspaña.

2012 Comienza Blank Paper Escuela Online, bajo la
dirección de Julián Barón.

2013 Óscar Monzón recibe el First Book Award, Paris
Photo-Aperture Foundation por el libro *Karma*.
Antonio Xoubanova es nominado para el Henri Cartier-
Bresson Award de la Cartier Foundation de París.

2014 El libro *Los últimos días vistos del rey*, de Julián Barón,
recibe el Premio al Mejor Libro del Año en la Feria Art
Libris, del Centre Arts Santa Mònica de Barcelona.
Se celebra la primera edición de Fiebre, un festival
internacional de fotolibros organizado por Blank Paper
Escuela y el colectivo MOB.
La publicación *British Journal of Photography* reconoce
a Blank Paper Escuela como uno de los mejores
centros educativos de fotografía a nivel internacional.
Julián Barón comisaría la presentación de 111 fotógrafos
españoles en la pieza audiovisual *NO COMMENT*, para
Fundación Telefónica y PHotoEspaña, en el marco del
ciclo de proyecciones *Destellos, deslumbramientos
y rupturas: una crónica de la fotografía española
contemporánea*, dirigido por Alejandro Castellote.

2015 Por su trabajo *Maya*, Óscar Monzón recibe el Premio
GD4PhotoArt de la Biennale Foto/ Industria MAST
Foundation en Bolonia.
La comisaria Fannie Escoulen nomina a Julián Barón
para el Discovery Award de Les Rencontres d'Arles,
donde presenta la instalación *Régimen visual*.

2016 De perfil pedagógico, transversal y colaborativo,
se presenta el proyecto imagenred.org, creado
y coordinado por Julián Barón, en el marco de
Done2016, impulsado por la Fundación Fotocolectania
de Barcelona.

Exposiciones (selección)

2003 *Costa da Morte: Xoubanova, Vegue, Rey*. EFTI,
Madrid.

2007 *New Spanish Photography* (Ricardo Cases).
Fotofestival de Lodz en Polonia (colectiva).

2009 *A* (Alejandro Marote). Museo de Bellas Artes de
Castellón.
La caza del lobo congelado (Ricardo Cases). Kursala.
Universidad de Cádiz.
Belleza de barrio (Ricardo Cases). La Fresh Gallery,
Madrid; Fundación Miguel Hernández, Orihuela; El
Fotómata, Sevilla, y Festival Getxhophoto.
La ciudad que soy (Ricardo Cases). Sala CIFP,
Langreo.
2010 *ECO* (Blank Paper).Tabacalera, Madrid.
2011 *Paloma al aire* (Ricardo Cases). Galería Dr. Nopo,
Valencia; Galería Ángeles Baños, Badajoz; Blank
Paper Escuela y La Fresh Gallery, Madrid.
Serrano Boogie (Ricardo Cases). Blank Paper Escuela,
Valencia; Abphoto, Albacete; Festival Emergent,
Lleida; Galería Mediadvanced, Gijón, y Festival Zphoto,
Zaragoza.
2012 *Tal como somos. Identidades cotidianas* (Ricardo
Cases y Luis Baylón). CentroCentro, Madrid, y Festival
SCAN, Tarragona.
C.E.N.S.U.R.A. (Julián Barón). Bienal Get It Louder,
Beijing-Shangai.
Casa de campo (Antonio Xoubanova). Blank Paper
Escuela, Madrid.
2013 *Karma* (Óscar Monzón). RVB Gallery, París.
CityScapes (Antonio Xoubanova), Brachfeld Gallery,
París (colectiva).
Contexto crítico, fotografía española siglo XXI (Antonio
Xoubanova). Tabacalera, Madrid (colectiva).
La nouvelle Scéne Photographique Espagnole (Ricardo
Cases, Óscar Monzón y Antonio Xoubanova). Le Bal,
París.
Libros que son fotos, fotos que son libros. Museo
Reina Sofía, Madrid (colectiva).
2014 *Karma* (Óscar Monzón). Breda Photo Festival, Holanda;
La Fresh Gallery, Madrid, PHotoEspaña Off.
The Street Goes On (Óscar Monzón). IMA Gallery,
Tokio; Musée d l'Elysée, Lausanne (colectiva).
1+1=12. Encuentros de fotografía contemporánea
(Ricardo Cases, Antonio Xoubanova, Alejandro Marote,
Fosi Vegue, Óscar Monzón y Julián Barón). Galerie du
10, Institut Français, Madrid.
Fotografía 2.0 (Óscar Monzón y Fosi Vegue). Círculo
de Bellas Artes, Madrid, PHotoEspaña (colectiva).
*P2P, prácticas contemporáneas en la fotografía
española* (Julián Barón, Alejandro Marote y
Óscar Monzón). Teatro Fernán Gómez, Madrid,
PHotoEspaña.

Paloma al aire (Ricardo Cases). Espace Jörg
Brockman, Ginebra; Anzemberguer Gallery, Viena, y
Photobook Museum, Colonia.
Tauromaquia (Julián Barón). Sala de la Lonja,
Universitat Jaume I, Castellón; Museu Trepat, Lleida,
Festival Embarrat, Centro de Arte Contemporáneo de
Huarte, Navarra.
Paparazi: Celebrities, Stars and Artists (Julián Barón).
Centre d'Art Pompidou-Metz (colectiva).
2015 *Un universo pequeño* (Antonio Xoubanova). Galería
Ángeles Baños, Badajoz.
Paloma al aire (Ricardo Cases). Dillon Gallery, Nueva
York.
El porqué de las naranjas (Ricardo Cases). Ilha,
Lisboa; La Fresh Gallery, Madrid; Temple Gallery,
París, y Matadero Madrid.
Ixil Ar Alzuza (Alejandro Marote y Jon Cazenave).
Fundación Museo Jorge Oteiza, Navarra.
Fin (Alejandro Marote). CentroCentro, Madrid.
Karma (Óscar Monzón). Festival Getxophoto.
Under 35 (Óscar Monzón). Galería IvoryPress, Madrid
(colectiva).
New Spanish Horizon (Ricardo Cases, Óscar Monzón
y Antonio Xoubanova). IMA Concept Store, Tokio
(colectiva).
Real/ Unreal (Alejandro Marote y Julián Barón). Chiang
Jiang International Photography & Video Biennale,
Museo de Arte Contemporáneo de Chongqing, China.
2016 *Un universo pequeño* (Antonio Xoubanova). Galería
Wer-haus, Barcelona, y Galería Temple, París.
El porqué de las naranjas (Ricardo Cases). Espace
Jörg Brockman, Ginebra.
El blanco (Ricardo Cases). Galería La Lisa, Albacete.
Paloma al aire (Ricardo Cases). Centro de Arte de
Alcobendas, Madrid.
11:11 (Alejandro Marote). La Fábrica, Madrid.

Libros

2008 *Belleza de barrio* de Ricardo Cases, Universidad de
Extremadura, Cáceres.
Supernormal de Ricardo Cases, Fiesta Ediciones,
Madrid.
2009 *Blanco* de Ricardo Cases, Is Identity Signs, Madrid.
La caza del lobo congelado de Ricardo Cases, Fiesta
Ediciones, Madrid.
2011 *Paloma al aire* de Ricardo Cases, Photovision, Madrid.
C.E.N.S.U.R.A. de Julián Barón, autoedición,
distribuido por RM, Barcelona.
2012 *Dossier Humint* de Julián Barón, autoedición.

2013 *KARMA* de Óscar Monzón, RVB Books/Dalpine,
Madrid.
Casa de Campo de Antonio Xoubanova, Mack,
Londres.
2014 *XY XX* de Fosi Vegue, Dalpine, Madrid.
El porqué de las naranjas de Ricardo Cases, Mack,
Londres.
TAUROMAQUIA Julián Barón, autoedición.
Los últimos días vistos del rey de Julián Barón,
autoedición.
AB•STRACT de Alejandro Marote, en aplicación virtual
para *The Portable Photo.*
Karma de Óscar Monzón, en aplicación virtual para *The
Portable Photo.*
2015 *Un universo pequeño* de Antonio Xoubanova,
Ca l'Isidret Edicions, Barcelona.
Podría haberse evitado de Ricardo Cases, Dalpine,
Madrid.
A de Alejandro Marote, RM, Barcelona.

The Embrace

Iván del Rey de la Torre

The story goes that in 1654, as the *Apotheosis of Saint Hermengild* was being hung on the altar of the Church of the Discalced Carmelites in Madrid, the painter Francisco de Herrera the Younger—its author—said that the event ought to be accompanied by the sound of trumpets and the beat of drums; that's how pleased he was with the quality and originality of his painting. Already then the young artist, barely in his twenties, was developing a reputation for his arrogance. Which is not to say that he erred in his judgment: the city, used as it was to the imagery of the Early Baroque, by then grown stiff and repetitive, was now confronted with the exuberance of color, the winding brushstroke and the practically implausible yet utterly perfect compositions of the High Baroque, of the new image. Herrera the Younger, who would go on to become the key figure of the Madrid School, was right: images should always be greeted to the tune of music.

Over one and a half centuries later another image was presented in Barcelona, and this one did indeed come with musical arrangement. The work in question was the first Spanish photograph, or, as the event was advertized at the time, "the first view captured in Spain using the wonderful process of the Daguerreotype." The announcement continued: "during the intervals between each operation a marching band will provide entertainment. The first frame obtained will embrace the house of La Lonja and the beautiful block of the Casa Xifré." The term used to describe the elements contained in the image is surprising: embrace. To be sure, it is used in the sense of including something but, is there anything more beautiful than an embrace to refer to photography?

The Catalonian plate was raffled among those in attendance, awarded to a gentleman from Tarazona and eventually lost without trace; not that it matters much—seemingly images are also prone to mitosis: other embraces would follow, by the likes of Marín, of Masats, of Hara… until over three hundred years after Herrera's claim the music played again in Madrid to greet the new images of a group of photographers, just as young and just as arrogant and their baroque forefather. A new Madrid School was being inaugurated—yet another one. And as it turned out the venue where it first came to be, the Glass Case of San Pedro, was very close to the old convent of Saint Hermenegild, was also named after a saint and, though no monastery, it certainly was a bit of a sanctuary. But we need to wind back a few years to understand how all this came about.

The photography collective Blank Paper was created in Madrid in 2003 by four former students of the Artediez art school who had formed a small group that gravitated around their mentor, Manuel Santos. At that stage the group was comprised by Antonio M. Xoubanova, Oscar Monzón, Fosi Vegue and Mario Rey. According to them the initiative was a result, on the one hand, of the total lack of avenues available to develop and exhibit their photography, and, on the other, of their desire to open a shared intellectual space where a collaborative effort and the exchange of ideas would enable them to make up for the individual shortcomings they had each been carrying since their days at the art school (this would be a determining factor in future developments). Like sponges ready to absorb any form of knowledge, they spent their time immersed in pleasant conversation about anything from Tarkovski to Velázquez, to name but two of the examples I recall most clearly. By now the reader will be able to recognize that the author of this text was already acquainted with Blank Paper back then; may the reader know that the conversations about Tarkovski and Velázquez persist to this day between the four aforementioned members of the group, and the three who are yet to make their appearance in this narrative.

The Glass Case of San Pedro was a space set up by Mauricio d'Ors in a venue of the Calle San Pedro in Madrid. Initially it consisted of an actual glass case where a work would be displayed to the world outside, but soon the space was adapted to allow people in. It was round about this time that Blank Paper caught d'Ors's attention, who invited them to showcase their work. In December 2005 the images of the collective were first exhibited in the city, and for the occasion the group members asked Justo Aparicio Zahonero to entertain the crowd with music composed specifically using the sound of tapping heels, exhaust pipes and birdsong—a veritable symphony of exuberant colors very much in tune with the embrace found in Blank Paper's first shots of Madrid. During the event Óscar Monzón's phone rang and, after a brief conversation, he told the others that a totally totally crazy guy had called him, saying that he wanted to show them his photographs and join the collective, that he was heading to the Glass Case of San Pedro right now and that he would be there in no time because he was on his bike. The caller was Ricardo Cases, who came to stay.

Blank Paper's collective production has not been prolific, having focused its activity instead on delivering workshops and talks. In Albarracín, in some edition of the Photography and

Journalism Seminars, Julián Barón came into contact with the group. He later came across Vegue and Cases in Arco 2007, where the three worked as photographers. There they invited Barón to join the group, presumably amid caustic comments about the artistic landscape around them.

The seventh and final member to enter the collective, Alejandro Marote, joined straight from the Blank Paper School. But before that the chip on their shoulder regarding their education grew into a proper grudge, and this was a determining factor in what follows. Prompted by Fosi Vegue, the main driver behind the initiative, the school was established in Madrid in 2006. The rest of the group joined in enthusiastically, while Julián Barón opened the Castellón branch of the institution. The idea was to make the experience accessible to other people, and it proved so successful that in little time the Blank Paper School earned a fabulous reputation both within the country and abroad. Marote made it into the collective out of it, but it would be unfair not to mention, at least as a whole, the rest of talented creators, men and women alike, who have emerged from the school's classrooms, some of them only to walk straight back into them as instructors.

We hereby present to you a series of images that tell us how the members of the collective have followed different paths, how each of them has found a restless and changing style, as we should always expect all forms of artistic expression to be. The purpose of this text is not to analyze or judge their photographic work—that is up to the individual reader. Indeed, what follows is nothing other than a few winding brushstrokes on Xoubanova, Rey, Monzón, Vegue, Cases, Barón and Marote.

Blank Paper has produced much work as a collective; this might seem to contradict the statement made above, but it doesn't. Its members haven't stopped cooperating, not in a collective project but rather in the manner of seventeenth century painters, who would gathered together in reunions they dubbed Academies, would share with one another their progress, point out new books, voice their concerns, solve one another's problems... Herrera the Younger was also very active in this sense. At Blank Paper all the members work for the others in their personal projects as advisers, assistants, inspiration... Therefore, it is not unusual to find the name of one of the members of the collective mentioned in the acknowledgements of some other's work. There is a part of all of them in each of their pieces; this is the very essence of a collective, this too is an embrace.

The members of the Blank Paper collective are hard workers to a fault. They love what they do to the point where it becomes obsessive (could it be any other way?) and they express themselves vehemently against what they dislike. They are avid readers in an ample range of disciplines and consumers of works from all periods in the history of art. They are aware that the raw material of their work is the image, and that the latter serves to objectify thought and to build new worlds. Generally speaking they are prone to publishing carefully appointed books, and when it comes to exhibiting their photographs they like to make sophisticated use of the space. But if I had to point out the most evident common trait within the group I would have to say that they tend to place great value on the reality around them, they are aware that the best and tightest embraces originate in your immediate environment. I have often heard them say that you need not travel to far and distant places such as India to produce good work, that merely by stepping out onto the street you're already entering a whole world; on the other hand, reality is no different here to there. It should be noted that the members of the collective have indeed traveled beyond our borders, sometimes to carry out work and on other occasions to be granted recognition, even before this was the case in Spain. This isn't just coming from me, I have heard them say so too, though they would always qualify it, their feet firmly on the ground, by recalling the people who did realize that here was something interesting in the making. That "something interesting" brings together in an embrace the twenty-first century multiplicity of Spain, with its men and women, children and elders, mountains and coastlines, dogs and politicians, monarchs and vassals, priests and prostitutes… with its underlying realities and practically implausible yet utterly perfect compositions.

Iván del Rey de la Torre

Nace en Segovia en 1975 y en la actualidad vive en Madrid. Dedicado a la disciplina de Historia y Teoría del Arte, trabaja como docente en Blank Paper Escuela y en la ECAM. Sus textos se han publicado en catálogos y libros de fotografía de autores como Antonio M. Xoubanova, Ricardo Cases, Miren Pastor o Paula Noya. En el campo de la creación destacan sus trabajos audiovisuales, presentados en diferentes festivales internacionales.

Iván del Rey de la Torre was born in Segovia in 1975. Active in the disciplines of art history and theory he presently lives in Madrid. He is a lecturer at the Blank Paper School and at the Cinematography and Film School of the Community of Madrid (ECAM). His texts have been included in photography books and catalogs by authors such as Antonio M. Xoubanova, Ricardo Cases, Miren Pastor or Paula Noya. In terms of creation he is best known for his audiovisual work, which has been featured in various international festivals.

PHoto**Bolsillo**

Director de la colección/ Series editor
Chema Conesa

Coordinación/ Coordination
Doménico Chiappe

Diseño original/ Original design
Fernando Gutiérrez

Traducción/ Translations
Montague Kobbe

Preimpresión/ Preprinting
Museoteca

Impresión/ Printer
Brizzolis

© de las imágenes/ Images
Sus autores / Their authors

© del texto/ Text
Iván del Rey de la Torre

© de la presente edición/ Present edition
La Fábrica, 2016

ISBN
978-84-16248-61-2

Depósito Legal/ Legal Deposit
M-4366-2016

LA FÁBRICA

Director general / General Manager
Álvaro Matías

Directora editorial / Editorial Content Manager
Camino Brasa

Director de Desarrollo Editorial / Editorial Development Manager
César Martínez-Useros

Director de Producción / Production Manager
Rufino Díaz

Distribución / Distribution
Raúl Muñoz

LA FABRICA

Presidente / President
Alberto Anaut

La Fábrica
Verónica, 13
28014 Madrid
Tel.: 34 91 360 1320
edicion@lafabrica.com
www.lafabrica.com

Una coedición entre / A Coedition Between

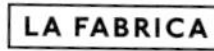
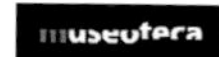
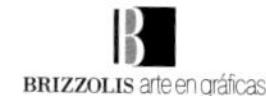

Biblioteca de Fotógrafos Españoles

Xavier Miserachs
Nicolás Muller
Humberto Rivas
Ricky Dávila
Koldo Chamorro
Francesc Català-Roca
Carlos Pérez Siquier
Luis Pérez-Mínguez
Gabriel Cualladó
Javier Vallhonrat
Miguel Trillo
Pilar Pequeño
César Lucas
Fernando Gordillo
Agustí Centelles
Baylón
Isabel Muñoz
José María Díaz-Maroto
Cristóbal Hara
Antonio Tabernero
Alberto García-Alix
Pablo Genovés
Clemente Bernad
Carlos Serrano
Ramón Masats
Óscar Molina
Cristina García Rodero
Pablo Pérez-Mínguez
Joan Fontcuberta
Navia
Ricard Terré
Fernando Herráez
Oriol Maspons
José Ignacio Lobo Altuna
Xurxo Lobato
Genín Andrada
Valentín Vallhonrat
Vari Caramés
Juan Manuel Díaz Burgos
Ferran Freixa
José Antonio Carrera
Manuel Vilariño
Kim Manresa
Rafael Navarro
Toni Catany
Luis Escobar
Marta Sentís
Chema Madoz
Ciuco Gutiérrez
Alberto Schommer
Ouka Leele
Manel Esclusa
Laura Torrado
Ángel Marcos
Ortiz Echagüe
Francisco Ontañón
Carlos Saura
Alfonso
Juan Manuel Castro Prieto
Pep Bonet
Juantxu Rodríguez
Paco Gómez
Virxilio Vieitez
Gonzalo Juanes
Rosa Muñoz
Leopoldo Pomés
José Ramón Bas
David Jiménez
Leonardo Cantero
Jordi Socías
Colita
Alfredo Cáliz
Gervasio Sánchez
Txema Salvans
Matías Costa
Emilio Morenatti
Pierre Gonnord
Ricardo Cases
Sofía Moro
Joan Tomás
Atín Aya
Rafael Trobat
José Cendón
Luis de las Alas
Joan Fontcuberta 2
Chema Conesa
Ragel
Samuel Aranda
Rafael Sanz Lobato
Juana Biarnés
Manuel Outumuro
Cristina de Middel
Carlos Spottorno
Aitor Lara
Miguel Bergasa
Javier Arcenillas
NOPHOTO
Laia Abril
Blank Paper

Biblioteca de Fotógrafos Latinoamericanos

Luis González Palma
Casasola
Marcos López
Cia de Foto
Raúl Cañibano
Javier Silva Meinel
Alberto Korda
Tito Caula

Biblioteca de Fotógrafos Africanos

Jean Depara
Samuel Fosso
Mama Casset
Zwelethu Mthethwa

Próximos títulos / *Next Titles*

Ricardo Martín

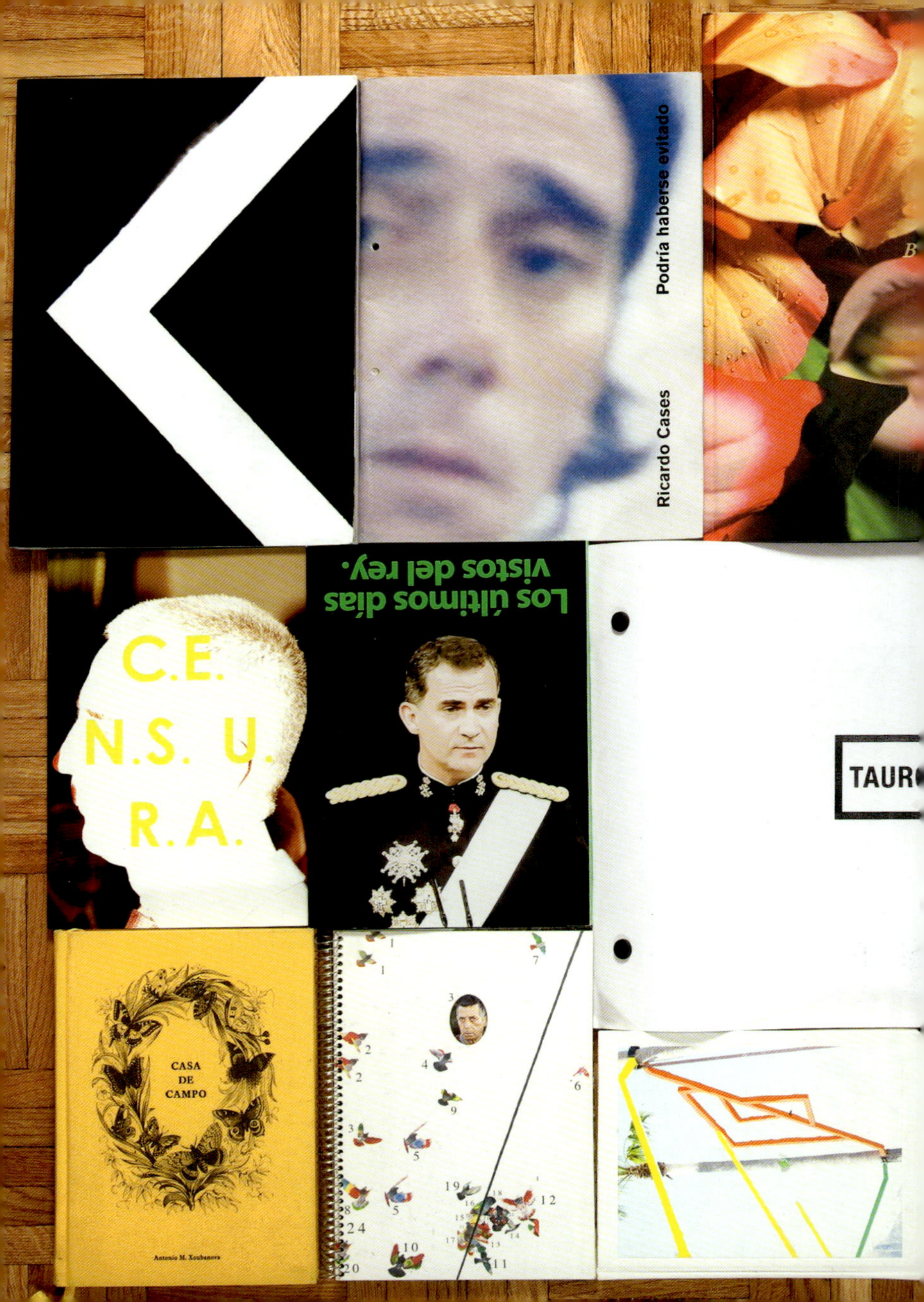